ECONOMICS

河南大学经济学
学术文库

Business Management Strategy

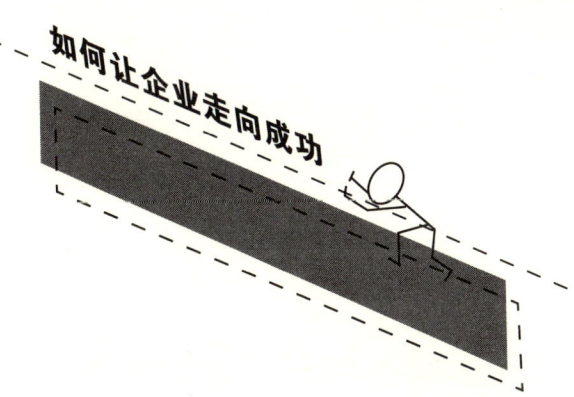

企业管理策略

朱涛/著

如何让企业走向成功

社会科学文献出版社
SOCIAL SCIENCES ACADEMIC PRESS (CHINA)

总序

河南大学经济学科自 1927 年诞生以来，至今已有近 90 年的历史了。一代一代的经济学人在此耕耘、收获。中共早期领导人之一的罗章龙、著名经济学家关梦觉等都在此留下了足迹。

新中国成立前夕，曾留学日本的著名老一辈《资本论》研究专家周守正教授从香港辗转来到河南大学，成为新中国河南大学经济学科发展的奠基人。1978 年我国恢复研究生培养制度以后，周先生率先在政治经济学专业招收、培养硕士研究生，并于 1981 年获得首批该专业的硕士学位授予权。1979 年，河南大学成立了全国第一个专门的《资本论》研究室。1985 年以后，又组建了河南大学历史上的第一个经济研究所，相继恢复和组建了财经系、经济系、贸易系和改革与发展研究院，并在此基础上成立了经济学院。目前，学院已发展成拥有 6 个本科专业、3 个一级学科及 18 个二级学科硕士学位授权点、1 个一级学科及 12 个二级学科博士学位授权点、2 个博士后流动站、2 个一级省重点学科点、3000 多名师生规模的教学研究机构。30 多年中，河南大学经济学院培养了大批本科生和硕士、博士研究生，并且为政府、企业和社会培训了大批专门人才。他们分布在全国各地，服务于大学、企业、政府等各种各样的机构，为国家的经济发展、社会进步、学术繁荣做出了或正在做出自己的贡献，其中也不乏造诣颇深的经济学家。

在培养和输出大量人才的同时，河南大学经济学科自身也造就了一支日益成熟、规模超过 120 人的学术队伍。近年来，60 岁左右的老一代学术带头人以其功力、洞察力、影响力，正发挥着越来越大的引领和示范作用；一批 50 岁左右的学者凭借其扎实的学术功底和丰厚的知识积累，已进入著述的高峰期；一批 40 岁左右的学者以其良好的现代经济学素养，开始脱颖而出，显现领导学术潮流的志向和实力；更有一大批 30 岁左右受过系统经济学教育的年轻人正蓄势待发，不少已崭露头角，初步展现了河南大学经济学科的巨大潜力和光辉未来。

我们有理由相信河南大学经济学科的明天会更好，经过数年的积累和凝练，它已拥有了支撑自己持续前进的内生动力。这种内生动力的源泉有二：一是确立了崇尚学术、尊重学人、多元发展、合作共赢的理念，营造了良好的学术氛围；二是形成了问题导向、服务社会的学术研究新方法，并据此与政府部门共建了中原发展研究院这一智库型研究平台，获批了新型城镇化与中原经济区建设河南省协同创新中心。学术研究越来越得到社会的认同和支持，也对社会进步产生了越来越大的影响力和推动力。

河南大学经济学科组织出版相关学术著作始自世纪交替的 2000 年前后，时任经济学院院长许兴亚教授主持编辑出版了数十本学术专著，在国内学术界产生了一定的影响，也对河南大学经济学科的发展起到了促进作用。

为了进一步展示河南大学经济学院经济学科各层次、各领域学者的研究成果，更为了能够使这些成果与更多的读者见面，以便有机会得到读者尤其是同行专家的批评，促进河南大学经济学学术研究水平的不断提升，为繁荣和发展中国的经济学理论、推动中国经济发展和社会进步做出更多的贡献，我们从2004年开始组织出版"河南大学经济学学术文库"。每年选择若干种河南大学经济学院在编教师的精品著述资助出版，也选入少量国内外访问学者、客座教授及在站博士后研究人员的相关著述。该文库分批分年度连续出版，至今已持续10年之久，出版著作总数多达几十种。

感谢曾任社会科学文献出版社总编辑的邹东涛教授，是他对经济学学术事业满腔热情的支持和高效率工作，使本套丛书的出版计划得以尽快达成并付诸实施，也感谢社会科学文献出版社具体组织编辑这套丛书的相关负责人及各位编辑为本丛书的出版付出的辛劳。还要感谢曾经具体负责组织和仍在组织本丛书著作遴选和出版联络工作的时任河南大学经济学院副院长刘东勋教授和现任副院长高保中教授，他们以严谨的科学精神和不辞劳苦的工作，回报了同志们对他们的信任。最后，要感谢现任河南大学经济学院院长宋丙涛教授，他崇尚学术的精神和对河南大学经济学术事业的执着，以及对我本人的信任，使得"河南大学经济学学术文库"得以继续编撰出版。

分年度出版"河南大学经济学学术文库"，虽然在十几年的实践中积累了一些经验，但由于学科不断横向拓展、学术前沿不断延伸，加之队伍不断扩大、情况日益复杂，如何公平和科学地选择著述品种，从而保证著述的质量，需要在实践中不断探索。此外，由于选编机制的不完善和作者水平的限制，选入丛书的著述难免会存在种种问题，恳请广大读者及同行专家批评指正。

耿明斋

2004年10月5日第一稿，2007年12月10日修订稿，2014年6月21日第三次修订

序言
PREFACE

　　这些日子里，企业墓地很快就葬满了不幸的失败者。黑莓（BlackBerry）、《新闻周刊》（Newsweek）、柯达（Kodak）、百视达（Blockbuster）、戴尔（Dell）……曾经的知名品牌如今以其全盛时期价值的零头黯然出售。这些日子里，每天有许多公司产生，每天也有许多公司消亡。你或许会为一个公司的辉煌欣喜膜拜，或许会为一个公司的衰败扼腕叹息。如果摆在你面前的是一家在几十年甚至上百年的经营中一帆风顺、从未遭遇过挫折和失败的企业，那么，要么它是上帝格外眷顾的异类，要么它是自欺欺人的泡沫。所以，企业挫折是企业成长的必经阶段，是一个"美丽"的过程，似乎饱经沧桑依然岿然不倒的企业更能绽放其自身的魅力。

　　不管企业是否历经艰险，是否起死回生，是否已经被历史华丽地击倒，每个企业留给我们的都是一笔宝贵的财富，值得我们去深思和研究。

　　企业成败是自然的事情，本无可厚非，笔者只是想探究企业成功和失败的根源，对其经验和教训进行归纳梳理，给那些正在走向成功或失败的企业以启迪。如果能给顺境中的企业以启发，能给危机中的企业以警示，那么撰写此书的目的也就基本实现了。

笔者在长期的教学和研究中，根据自己的体验，将导致公司兴衰的根源进行了梳理，归结为十类，即"企业管理十略"。本书拟分十部分对其分别进行分析。

本书力争做到通俗易懂，尽量用"友好"的语言表述观点。本书主要读者群体定位为那些准备建立自己的商业帝国或正在构建自己商业帝国的企业家、公司要员，本书也可作为大众读物以及经济学和管理学教学的参考案例。

在本书写作过程中，笔者做了写作框架的拟定、理论评析、部分章节的案例搜集以及最后的文字整理等工作，河南大学老师夏宏以及经济学院企业管理研究生申丽、张婷、邓亚楠、徐春佩、刘海森等对案例进行了大量的搜集和整理工作，对他们心存感激；河南大学经济学院对本书的出版给予了资助，社会科学文献出版社的陈帅对本书的编辑和出版做了大量工作，在此深表感谢。在整理资料的过程中，疏漏之处在所难免，在此表示歉意。本人由于时间仓促，才疏学浅，所提"十略"仅供企业参考。本书观点如有不当之处，敬请各位同行专家和企业界人士多提宝贵意见，以便今后修正。

朱 涛

2013 年 9 月 30 日

目录
CONTENTS

策略一　给创新添动力　1–24

3　理论透析：创新，在正确的方向上来个加速度

5　苹果：浴火重生，王者归来

11　诺基亚：难舍难分的记忆

14　宝洁：在日本遇到的尴尬

19　柯达：胶片帝国留下的斑驳影像

24　通用：真正的敌人是自己

策略二　选择合适的商业模式　31–61

33　理论透析：慎重选择商业模式

35　戴尔：适时变革商业模式

37　沃尔玛：零售连锁的执牛耳者

42　肯德基：坚持品牌特色

48　京东商城：拒绝实体店

56　耐克：虚拟生产

61　索尼：固守的失败

策略三　关注内部协调　67－80

69　理论透析：预防内部组织冲突

70　福特：横向部门的掣肘

76　通用：纵向信任的维护

80　松下：员工的"忠心"何来？

策略四　明晰产权　85－98

87　理论透析：厘清产权制度

88　健力宝："中国魔水"的消殒

93　华晨：中华汽车梦缘何未能实现？

98　美的：清晰的才是美的

策略五　创造企业之魂　107－129

109　理论透析：企业文化也是生产力

110　三鹿：灵魂的背叛者

114　华为："狼性"文化

116　阿里巴巴：从"独孤九剑"到"六脉神剑"

121　海尔："真诚到永远"

129　格力：用行动诠释"格力精神"

策略六　善用人才　133－165

135　理论透析：人才是第一资源、第一资本、第一动力

138　马云："够狠，够决绝"

144　李嘉诚："用人七步"

152　麦当劳：为员工营造"家外之家"

156　史玉柱：东山再起的人才反思

165　富士康：员工已经几连跳？

策略七　激励驱动　169－182

171　理论透析：激励就是驱动力

172　华为："华为狼"的激情

177　海尔：让员工"永葆青春"

182　附录　企业管理小贴士：八大激励模式让你的员工更有活力

策略八　完善内控机制　187－201

189　理论透析：内控机制不可少

190　巴林银行：一名员工也能蚍蜉撼树

194　雷曼兄弟：短期逐利的恶果

198　海南发展银行：一开始就是个错误？

201　银广夏：内控机制为何失灵？

策略九　量财发力，适度扩张　211－233

213　理论透析：把控好企业的扩张速度与财务风险

215　亚细亚：连锁帝国之梦的破灭

220　顺驰：现金流的极限运动

226　巨人：发育不良终致夭折

233　"红苹果"：昙花一现的联合舰队

策略十　慎重采取多元化　239－266

241　理论透析：专业化、多元化，须冷静抉择

242　格力：紧握"金钥匙"

249　万科：迷途知返

257　华为：专业化路上的一匹黑马

262　三九：尚能饭否？

266　春兰：多元化一路坎坷

策略一 给创新添动力

　　创新应当是企业家的主要特征，企业家不是投机商，也不是只知道赚钱、存钱的守财奴，而应该是一个大胆创新敢于冒险，善于开拓的创造型人才。

　　　　　　——〔美〕熊彼特（诺贝尔经济学奖获得者）

　　企业家们需要有意识地去寻找创新的源泉，去寻找表明存在进行成功创新机会的情况变化扩其征兆。他们还需要懂得进行成功的创新的原则并加以运用。

　　　　　　——〔美〕彼得·德鲁克（现代管理学之父）

创新，在正确的方向上来个加速度

理论透析

传说世上有一种神奇的百宝盒，把乱七八糟的东西放进盒里摇一摇，倒出来就变成了财宝，我们都知道这只是个神话传说。在这个时代，对企业来说，如果世间真有这么一个百宝盒的话，那就是创新。

创新，有成的，也有败的。究其原因，主要有两个：一是创新方向错误，二是创新速度迟缓。从苹果的迅速更新、获利丰厚到柯达的创新方向错误、被历史掩埋；从通用的悲壮牺牲到宝洁的及时转向、开辟新市场，我们可以看到创新方向和创新速度对一个企业的重要性。

方向发生了偏移，那就势必南辕北辙、与自己的预想背道而驰。创新，意味着突破陈旧的思维方式和习惯做法。但创新的"新"必须同"好"相连，因此，要避免陷入标榜创新的思维误区。

误区一：创新必须要有先进设备。在不少员工的潜意识里，说到创新，首先想到的就是高科技的实验室。在人们的印象中，国家科技大奖也都是科学家和工程师们的事。但是近年来，生产一线的员工开始凭借超凡的技术创新能力，频频跻身科技奖励舞台。不可否认，先进仪器和设备对创新有极大的帮助，但这不是唯一的决定因素，即便仪器能分析出组成成分，但不一定能研究出新的产品配方。有时客观条件过于优越，容易形成对科技装备的过度依赖，反而抑制了土招、奇招的涌现。要知道，创新思维比先进设备更重要。

误区二：创新等同于发明。创新比发明更强调实际运用，强调实现成果产业化的转化。创新不一定都是由发明开始到扩散的线性模式，而是有很多不同的创新源，如原料供应、生产、销售等企业价值链中的所有环节，都可以创新。如果认为只有创造了新的理论和技术才是创新的观念，就束缚了创新的手脚，而且不利于基层创新力的提高。实际上，创新的意义要比你想象的宽泛。

误区三：自主创新与自我创新搞不清。自我具有明显的排他性，自我创新和原始创新属于高层次的创新，其成果往往可称为发明，一般企业还达不到这个境界。自主创新则是以自我为中心，但并不排斥别人的东西，合作开发、引进吸收甚至模仿，都可以成为技术创新的方式。高新技术产品一般具有技术集成的特点，这就决定了其生产方式是多方协作、联合攻关，需要实现跨行业、跨部门的产学研合作，进行多方面的横向交流。在这个观念上，企业就会有更大的创新空间。

误区四：知识越多创新能力越强。持这种认识的一些企业把创新全部交给高学历的人才，而忽视了基层员工的创新力。事实上，企业创新往往来源于各个基层岗位，只有集腋成裘形成合力，才能发展得更好。高级科研人员固然是创新的主力军，但我们也应该看到，一些优秀的普通员工长期在生产一线，对生产中的所有环节都了如指掌，他们结合具体工作需要搞出来的小发明、小技改、小革新往往能解决生产中的大问题。创新更多地强调以新的方式运用知识、以前人没有用过的方式方法有效地解决当前的实际问题。知识是死的，但智慧是活的，创新固然需要有丰富的知识与经验，但知识不等于创新力。

创新是一种革命，它不是对不合时宜的旧事物进行修修补补，而是一个突破量的积累产生质变的过程。

张瑞敏说：时代环境变化很大，企业跟不上变化就难以生存。随着市场日益表现出超竞争的特点，产品创新速度也已成为与成本、质量同等重要的业务层战略维度之一。我们知道，企业从发现创新时机，制定相对应的对策，着手开发新产品，到将开发效果进行制造，交付客户，再到全面投产，实现营收收支均衡是一个非常漫长的过程。这一过程会耗费大量的资金和时间，因此创新速度对企业抢占市场、开拓业务至关重要。

加快创新速度，首先要处理好会导致创新效果交付延伸的问题。控制好处于开发中的项目数量，精选最具代表性的项目，从而提高创新成功的可能性，节约研发时间，控制交付期。同时，要将手头所积累的等候处置的耗时费力任务对研发的影响降到最低。其次，要快速学习，实现差异化。只有快速准确地捕获客户意见，与客户有效互动，保证研发的产品没有错失关键的差别化要素，才能实现新产品的贩卖量和预期利润。

要加快创新速度，保持紧迫感是必不可少的要素，约翰·科特在《紧迫感——危机中变革》一书中告诉我们：居安思危，在成功中预见危机；"居危思危"，在危机中找到机遇。两者能帮助企业跨越通往持续成功的两大障碍，即忙得热火朝天却完全抓不住重点——虚假紧迫感；成功之后将目光转向企业内部而不再关注变化的世界——自满情绪。

紧迫感是企业的核心生存能力！在严峻的经济形式下，企业要实现持续创新、快速更新产品，每一个员工都要保持高度的紧迫感。

在正确的方向上再来个创新加速度，让企业脱胎换骨，成为行业发展的风向标，自然是水到渠成的事。

苹果 浴火重生，王者归来

有人说，迄今为止，有三个苹果改变了世界：一个诱惑了夏娃，一个砸醒了牛顿，还有一个成就了乔布斯。让我们去看看被上帝咬过的苹果如何成就了乔布斯,而乔布斯又如何引领了一个时代。

作为《商业周刊》2011年世界最具创新力企业排行榜的上榜品牌,苹果2011年的市值超过微软,成了全球市值最高的公司,截至2012年12月14日,苹果市值仍以4795.6亿美元在资本市场上独占鳌头。那么,到底是什么秘诀让这个在车库里诞生、曾经濒临破产的企业成为行业巨擘,并改变世界的呢?

回顾苹果的跌宕历史,我们看到,一个企业只有致力于创新,把创新提高到战略地位并以此为核心积极运作,才能在竞争中保持主动,在行业市场份额和收入上创造佳绩,才能让自己走在世界的前沿,引领时代潮流。

1. 初入世事:大放异彩后,黯然神伤

苹果公司在1976年由史蒂芬·乔布斯主导创立,1977~1982年Apple Ⅰ、Apple Ⅱ为顾客带来了全新的技能,受到了消费者的热烈欢迎,使苹果公司在全新和令人兴奋的个人计算机领域大放异彩,其创办人乔布斯也受到了业界的一致赞誉。

但是,1983年,苹果公司的业绩开始下滑,到了1985年,情况更是糟糕,企业出现了有史以来的第一次季度亏损,股票价格也创下三年来的新低。正在此时,董事会决定让约翰·斯卡利担任总裁和首席执行官,乔布斯大权旁落。

由于受到过去成功的影响,只担任麦金塔部门总经理的乔布斯忽略了Apple Ⅱ才是公司的支柱这一事实,以一种应得的心态去经营麦金塔的业务,不考虑顾客的需求,只是乐观地预期全球都会接受麦金塔,却不想麦金塔的业务愈来愈糟。在麦金塔上,整个团队已经丧失了打造Apple Ⅱ时期对创新的急切感和紧迫感。

一味乐观让麦金塔成了乔布斯的一个败笔,忽视了创新的紧迫性，不尽全力去迎合消费者的需求，而且没有认真地考虑需要什么样的合作伙伴才能达到预期效果。与 IBM 个人计算机和 Apple Ⅱ 不同，麦金塔没有插槽能让制造商将印刷电路板插入计算机以扩充内存或加进数据处理器。由于每部麦金塔都搭载了拥有特殊专利的软件，使得软件开发商很难为麦金塔撰写新软件，这种状况多少让人感觉有点尴尬。一个业务走到现在这个境地，不知道是不是有点穷途末路的感觉。渐渐地，斯卡利和乔布斯开始为此争吵，后来董事会要求乔布斯放弃担任麦金塔总经理的职务，只担任董事长。1985年秋，乔布斯怅然离开了苹果公司。

2. 蹉跎岁月：高层频动，产品失败，在迷雾中摸索

乔布斯离开后，斯卡利终于可以一展身手。他关闭工厂，削减成本，资遣大批员工，整个公司才有了紧迫感。苹果开始与软件伙伴紧密合作，以解决麦金塔的困境。麦金塔设计了扩充槽，同时，苹果当时的合作伙伴之一——Aldus 软件公司设计的软件让麦金塔和激光打印机能制作出很酷的手册、信件和其他营销素材。这样，麦金塔简单易操作的特质，加上令人兴奋的软件和更具弹性的硬件，使苹果公司在 20 世纪 80 年代末进入了前所未有的辉煌时期。麦金塔成为世界级的工具，这足以让所有的苹果员工自豪。

苹果走出一个迷局又很快陷入了另一个迷局。辉煌时期的荣耀让它变得自负起来，在启动包括"牛顿个人数字助理"在内的长远计划过程中，却放弃了一个科技企业成长的绝佳机会——没有授权制造"麦金塔兼容机"。

20 世纪 90 年代初，苹果创新的脚步一直赶不上个人计算机自行组装产业的发展脚步，微软的强势攻击与苹果的傲慢停滞形成了鲜明的对比。1993 年，苹果没有实现赢利预期，股票价格也开始下滑。外界还传闻斯卡利打算接任美国商务部部长，他已经对事业毫无紧迫感了。1993~1997年,苹果换了两任首席执行官,到1996年第四季度,营业收入下降了30%,公司也陷入亏损。首席执行官频繁换届,产品遭遇各种失败,苹果亟待新的创新出现,以带领企业走出事业低迷的艰苦岁月。

此时的乔布斯也一直关注着苹果的动向,他看到了苹果的困境,与苹果高层积极协商,最终苹果花了将近4亿美元并购了乔布斯离任期间创立的Next公司。没想到的是,辗转之后,苹果不仅获得了崭新的机遇,而且拥有了积极进取的乔布斯。经过大幅的人事调动,1997年9月,乔布斯接任苹果临时首席执行官一职,开始了自己复归的脚步。

3. 风华正茂:王者归来,推陈出新后浴火重生

乔布斯迅速开展行动,对苹果的核心问题做出果断的决策,结束掉打印机和"牛顿个人数字助理"的业务,对企业进行全面重组,改变权力分散、缺乏办事效率的现状,积极寻求合作机会。

在被任命为临时首席执行官后的前10个月,乔布斯就带领苹果推出了全新的小尺寸、造型优雅的个人计算机iMac,并受到消费者的一致好评。iPhoto的相片管理程序、iMovie的强大数字录像编辑功能以及iPod的数码音乐播放器都受到了消费者的追逐和喜爱。

2006年,苹果的iTunes商店卖出了第10亿首歌曲。2007年,苹果更推出了iPhone,一个结合了iPod和手机功能的科技产品,同年推出了iPod touch。一个月后,该公司售出了6000万个程序,为公司赚取了平均每天100万美元的商业利润。不到3个月,苹果公司便成了世界上第三大移动电话出厂公司。2010年,苹果推出了iPad系列产品,并迅速传遍世界。

2011年10月6日,苹果公司创始人乔布斯去世。网站发布消息称:"苹果失去了一位富有远见和创造力的天才,世界失去了一个不可思议之人。"一位卓越的企业家陨落,让这个世界都觉得惋惜。不过,令人欣慰的是,2012年4月,苹果以超过5200亿美元的市值稳坐世界第一的位置。同年9月,苹果正式发布其新一代产品——iPhone 5,并受到消费者的追捧。苹果的创造还在继续,我们一直期待它能带给这个世界更多的惊喜。

苹果多变的历史提醒我们,一定要永远保持警觉,时刻让自己感觉到危机的存在,打破现状并不断改善。不论经历多少次沉浮,勇敢地跳出过去成功的迷雾,创造出让人激动兴奋的产品,才可以让自己继续成长。

苹果大事记

1976年4月1日,史蒂夫·乔布斯(Steve Jobs)和史蒂夫·沃兹尼亚克(Steve Wozniak,简称"沃兹")创立苹果公司,罗恩·韦恩(Ron Wayne)设计了苹果公司的第一个徽标。

1977年,苹果发布Apple Ⅰ,当时的Apple Ⅰ只是以电脑印刷电路板的形式来出售。罗布·贾纳弗(Rob Janov)设计了苹果的第二个徽标,也就是一直沿用至今的苹果徽标。同年,发售了最早的个人电脑Apple Ⅱ。

1980年,Apple Ⅲ发布,但这成了苹果一款失败的产品。同年,苹果股票上市,并获得巨大成功。

1984年,苹果推出革命性的Macintosh电脑。

1997年8月6日,苹果推出彩色的iMac电脑。史蒂芬·乔布斯成为苹果事实上的领导人,他宣布苹果与微软结成联盟。微软购买1.5亿美元苹果股票。苹果将微软IE浏览器集成到苹果操作系统中。

1998年1月7日,苹果正式宣布重新赢利,乔布斯宣布1998

年第一财季收益为 4700 万美元。

2001 年，苹果推出 iPod 数码音乐随身听。

2003 年，苹果推出最早的 64 位元个人电脑 Apple PowerMac G5。

2006 年，乔布斯发表了第一部使用英特尔处理器的台式电脑和笔记本电脑，分别为 iMac 和 MacBook。

2007 年 1 月 9 日，苹果电脑公司正式推出 iPhone 手机。乔布斯在 Macworld 年度会展上宣布，公司名称正式由"苹果电脑公司"更名为"苹果公司"。

2008 年 1 月 15 日，苹果公司在 MacWorld 2008 展会上发布 MacBook Air 笔记本电脑，这是当时市面上最薄的笔记本电脑。在世界权威的品牌价值研究机构——世界品牌价值实验室举办的"2008 世界品牌价值实验室年度大奖"评选活动中，苹果凭借良好的品牌印象和品牌活力，荣登"中国最具竞争力品牌榜单"大奖，赢得广大消费者普遍赞誉。

2010 年 5 月 26 日，苹果超越微软，成为世界上市值最大的高新科技公司。

2011 年 10 月 6 日，苹果公司创始人乔布斯去世，享年 56 岁。苹果公司官方网站首页换成乔布斯大幅照片，以及"1955～2011"字样。网站发布的消息称："苹果失去了一位富有远见和创造力的天才，世界失去了一个不可思议之人。"

2012 年 4 月，苹果以超过 5200 亿美元的市值稳坐世界第一的位置。并在 9 月 13 日凌晨（北京时间），正式发布其新一代产品——iPhone 5，同时发布新的 iPod touch 和 iPod nano。其中，iPod touch 将采用与 iPhone 5 同样的 4 寸屏幕及 iOS 6 操作系统，iPod nano 也将采用全新的外观。11 月 15 日下午（北京时间），苹果将向9.35亿股流通股的股东派发每股2.65美元的股息,总额达到25亿美元。这也是苹果17年来第二次派息。苹果表示,将在今后3年内通过股票回购和派息计划将450亿美元现金返还给股东。

诺基亚 难舍难分的记忆

  2009年10月,诺基亚公布了10多年来的首次季度亏损;2011年5月,据市场调研机构Gartner公司的最新研究,2011年第一季度诺基亚共售出1.076亿部产品,较2010年同期下降5.5%,诺基亚移动设备的全球市场占有率为25.1%,降至1997年以来的最低水平。2011年9月,诺基亚再度宣布在世界范围内裁撤3500名员工,整个2011年度,诺基亚裁员总数达到14000名。诺基亚全球营销副总裁兼执行董事范乔基(Anssi Vanjoki)表示,未来不排除卖掉诺基亚旗下手机制造部门。

  当苹果手机在全球风起云涌时,诺基亚的坏消息一个接一个,诺基亚到底怎么了?

  诺基亚失去智能手机市场的原因,一方面是苹果iPhone手机在世界范围内蚕食市场,以及新兴系统像谷歌Android、Palm Web OS智能系统的崛起;另一方面则是诺基亚自身创新和变革的缓慢。

  在与互联网无限靠近的时代,无论是苹果、谷歌还是Palm,都十分注重用户上网体验和用户界面的设计,定位和发展方向与消费者的要求十分贴近。而在这个过渡阶段,诺基亚塞班系统却不能从根本上走上这个方向,只能从手机的外观以及配置上做调整。在实用阶段,塞班手机的确具有一定开放性,但在互联网时代,在Androdi等智能系统面前,其开放性已经被落在后面。如今,

HTC、三星、摩托罗拉等手机厂商都已经推出了 Android 智能手机，Android 智能系统的崛起使得诺基亚市场份额开始下滑。

显然，今天的诺基亚公司在手机产品渐渐脱下高技术外衣之后，似乎一直没有找到替代产品，因此其面临的也就只能是竞争惨烈的"红海"，利润稀释也就很自然了。

作为欧洲历史最悠久的手机企业，诺基亚机构臃肿，战线延伸过长，层层审批的制度已经严重影响到决策效率。正是诺基亚的傲慢和慵懒，使自己丧失了发展触屏手机的机会。诺基亚迟迟没有推出触屏手机，这让苹果看到了机会，一款 iPhone 手机直接冲击了诺基亚在智能手机市场的绝对优势。

当诺基亚醒悟过来开发 S60 第五版触屏操作系统来应对的时候，苹果、谷歌、Palm 均迎头赶上，这让诺基亚仓促开发的 S60 第五版产品不再有人稀罕，5800 元的售价也迅速从 5000 多元直接降到 2000 元以下。

不仅如此，诺基亚在战略布局上也出现了很大失误——相对于其他手机企业在三大 3G 标准全线出击的战略，诺基亚目前的优势仍然集中在传统 2G 的 GSM 以及 3G 的 WCDMA。诺基亚在 CDMA 领域一直是"若即若离"的状态，并没有花大力气推广，还几次调整战略，被市场传言即将退出 CDMA 市场。不管是 CDMA 产品种类还是 CDMA 销量比重，都只占非常小的份额，这与靠 CDMA 起家的三星形成了鲜明对比，而三星目前正铆足了劲追赶诺基亚。

同时，在中国市场，三星、摩托罗拉和 LG 都在第一时间推出了 TD 手机，而诺基亚直到 2009 年底才推出第一款产品。尽管 3G 市场尚未完全启动，但中国移动奉行的是，如果不支持 TD，2G 手机的定制也将受到影响。这就好比赛马，别人有三匹马在跑，而诺基亚只有一匹。2G 时代并不明显，到了 3G 时代，这个短板很快就表现出来了。

3G时代的到来，对手机厂商来说既是机遇也是挑战，目前中国正处于3G的起步阶段，无论是哪家运营商都面临着终端缺少的瓶颈问题。在这个阶段，终端的支持对国内3G来说至关重要，但是面对中国这个庞大的市场和中国移动用户下的群体优势，诺基亚却迟迟不肯推出TD制式的3G手机。

究其原因，是诺基亚TD芯片商破产致使诺基亚不得不推迟TD手机的面世，直至2009年9月27日才在北京发布了首款TD手机6788。

诺基亚大事记

1963年，诺基亚首次涉足通信行业，为军队和经济救援人员提供无线电通信设备。

1987年，诺基亚推出的首款GSM制式数字移动电话成为欧洲数字移动技术标准。

1996年，诺基亚推出Nokia 9000型移动电话，这是该公司研制的世界上第一部集数字式移动电话和掌上电脑于一体的智能移动电话。

2001年，诺基亚以接近40%的全球手机市场份额目标，将诸多竞争对手甩在身后，成为行业领军企业。

2009年10月，诺基亚公布了10多年来的首次季度亏损。

2010年9月，诺基亚正式任命前微软高管埃洛普为首席执行官。2011年2月，埃洛普宣布和微软建立战略合作伙伴关系，并声称诺基亚智能手机将会逐渐从原有的塞班操作系统过渡到Windows Phone操作系统。

2012年3月，三星电子智能手机出货量首度超过诺基亚，成为世界上最大的智能手机生产商。

2012年6月,诺基亚在近一年内第三次发布赢利预警,并且称截至2013年底,将会在移动部门再度裁员13000名。

2012年12月,市场数据调查显示,三星电子全球市场占有率从前一年的24%上升到了29%,成功超越了诺基亚,成为全球市场占有率最高的手机品牌。

宝洁 在日本遇到的尴尬

2012年,宝洁迎来了自己的175周岁生日。从一个小小的蜡烛生产商,到一个拥有众多知名品牌、每天与全世界消费者亲密接触超过40亿次的跨国公司,宝洁一路走来,用实力给了消费者最放心的依赖。说到宝洁,你又会想到什么?

时尚的年轻女生会说,是玉兰油、飘柔、潘婷、海飞丝。

贤淑的家庭主妇会说,是汰渍、舒肤佳、碧浪。

职业的成熟男士会说,是博朗、吉列。

1. 保持生机需要秘诀:把创新作为驻颜妙方

从1837年创立至今,宝洁凭借着研发领域的持续创新,取得了一系列的成果,从一个传统行业里暮气沉沉的企业,成为创新能力最强的国际大公司之一。让我们来看看宝洁创新的秘诀有哪些。

(1)从消费者的需求中寻找灵感

让消费者决定创新。随着消费品领域品牌的不断增多,消费者的选择余地也更加宽阔。在激烈的市场竞争中,创新产品的生命周期大大缩短,从而导致创新速度不断加快。而创新速度加快也就意味着创新失败概率的增加。对宝洁来说,构筑一个更加高效的创新体制尤为重要。

克劳伊德指出，要成功，宝洁就必须关注顾客体验的方方面面，强调可以感知的顾客价值，要求对消费者需求的精准把握，要从消费者的角度而不是从科学家的角度来考虑创新问题。为此，宝洁提出了包括达到所需性能的产品技术、产品性能外观、包装的概念性以及审美性等围绕顾客体验全方位"360度创新"的概念。宝洁首席营销官吉姆·施腾格尔还要求营销人员增加与消费者沟通的时间，从而为创新寻找方向。2000年，宝洁每名营销员平均每月与消费者沟通的时间从不足4小时发展到超过12小时，营销员还要深入消费者的实际生活，从观察消费者洗衣服、擦地板、给婴儿换尿布等生活细节中了解不同消费者的生活方式和消费需求。在这种创新理念的指导下，宝洁推出了众多的新产品，市场份额也得到了不同程度的提高。

（2）从研发到"联发"的转变

针对企业内部过度竞争的无效情形，雷富礼提出要把竞争放在对外上，对内则极力倡导协作。在开发过程中强调跨技术、跨学科、跨地域和跨业务部门之间的联系。以前，宝洁的创新体制更多地强调内部竞争。研究人员被分成一个个小组，为研发项目、资金，甚至为获得领导的关注而相互竞争。现在，"宝洁鼓励不同部门之间更加紧密地合为，进行思想交流"，产品创新过程在宝洁内部也不再被称为研发，而被称为"联系与开发"。

在具体实践上，研发要与公司目标紧密结合，公司先制定出3~5年的目标，然后各业务单位与研发部门协作，根据公司的发展目标进行产品创新；同时，还要加强不同领域研究人员之间的联系。例如，在开发佳洁士Whitestrips美白牙贴的过程中，参加开发的人员不仅有牙齿美白的口腔护理业务部门人员，而且包括曾开发过新型贴膜技术的研发人员，甚至连织物和家庭护理产品领域的漂白专家也参加了。

为了充分实现从研发到"联发"的转变，宝洁不断想出新方法为创新打开通道。为了实现研发人员之间知识的自由共享，宝洁设立了一个"创新网"，利用网络"你来问我来答"的功能，为员工面临的问题提供一个能寻求多方专业人士帮助的平台。为了集思广益加快创新，从2000年起，宝洁来自全球的2000多名员工汇聚美国北部肯塔基会议中心，在宝洁称为"闪点"的秘密会议上探讨如何实现宝洁的创新加速。多种创新渠道的开创也为企业的创新寻找到了更广阔的途径。

（3）打破公司范围的限制，实现合作创新

除了公司内部的"联合与开发"，宝洁还不断加强与外部的联系，实现内外部研发的结合以及对外部人才资源的充分利用。哈佛大学商学院教授亨利·切斯布劳把宝洁的这种创新模式称为"开放式创新"。人才到处都是，为何要拘泥于公司内部的人才？打破创新的疆界，也许会看到不一样的色彩。2001年，宝洁开始与九西格玛公司合作，该公司是一家专门为客户获取外部技术牵线搭桥的公司，一些独立的发明家也借此成为宝洁的创新服务提供商，Sprinbrush电动牙刷就是宝洁从一位名叫约翰·奥谢尔的发明家手中买得的。同时，宝洁还与其他公司进行创新合作，大量来自公司外部的好的产品、技术和创意进入宝洁决策层的视线，通过创新进行创新，宝洁的研发投资效率显著提高。

（4）用最好的技术生产最完美的产品

宝洁会使用计算机辅助工程（CAE）工具和SGI超型计算机来设计和试验产品及生产设备的模具，从而节约大量的时间和研发成本；但没想到的是，就连牙膏和卫生纸这样的小产品，宝洁也会使用超型计算机。有些产品虽然相对价格很低，但是生产产品的机器十分昂贵，但宝洁都不吝啬，最好的技术就是为了生产出最完美的产品。在虚拟世界里进行试验创新，然后在现实世界里进行证实，高科技手段的应用为宝洁缩短了大量设计开发时间。

宝洁历经风霜而不衰，解读它的历史经验也让我们获益匪浅，但是，再成功的企业也有遭遇困境的时候，尤其是在自己做得很成功的地方更容易跌倒，就像下雨天淋湿的人大多是打伞的一样。

2. 好马也有失蹄时：在日本，遇到尴尬事

经历了这么多年的历练，宝洁应该可以说身经百战了，却没想到20世纪70~80年代，在日本会遭遇这么一段困顿的时光。

宝洁在许多国家畅销的品牌，偏偏在日本毫无起色，面对巨额的亏损，它迷惑了，不知道究竟错在了哪里。宝洁在日本的广告代理商主要是在其他地区合作的大型跨国代理商的日本子公司，虽然这些代理商聘用了日本的创意和艺术总监，但高层主管多数来自美国或欧洲。

在日本，宝洁准备采用像打开许多国家市场的做法一样，以成功的广告活动为起点在日本树立自己的品牌形象。广告的形式主要有两种：一种是"解决问题式"的广告，让你先看到日常生活中会遭遇的问题，然后，它的某一项产品就会成为解决这一问题的英雄；另一种是对比式的广告，将两种不同品牌的产品用来解决同一问题，你会发现，宝洁比其他品牌的产品有更好的效果，从而让消费者更乐意接受。但是，宝洁只是为自己的个别品牌打广告，而没有为自己的整个公司做宣传。尽管广告打出去了，却没有收到预想的效果，面对眼前一直没有答案的困境，宝洁终于决定要跟几家纯日本广告代理商坐下来好好谈一谈。

在相互熟识之后，日本一家地道的广告代理商电通解答了宝洁

企业 管理 策略

的疑惑：日本人不喜欢看到问题情境，也不喜欢看到将竞争者塑造成负面的效果，他们更多地想了解生产这些产品的厂商。但是，宝洁的广告不仅不符合日本消费者的需求，而且会让他们看来特别失礼，又怎么会爱上这个品牌呢？

仿佛在日本被看了笑话一样，这一刻让宝洁的营销人员感觉颜面扫地。但是困惑了多年，终于找到了问题的答案，也是一件值得庆幸的事，即使答案有些让人难以接受，但也不得不面对现实。接下来宝洁该怎么做才是关键所在。

接受了以前的教训，宝洁开始启用地道的日本代理商，制作赞美产品和标榜产品好处的广告，在广告中呈现正面的形象，并为公司做广告宣传，让日本消费者知道宝洁是谁及企业的价值是什么。这些改变之后，宝洁终于开始在日本取得初步的成功。

宝洁试图把传统的成功从一个国家复制到另一个国家，而不考虑文化差异，就想收获丰厚的果实，这显然是对过去的成功太过自负了。

在全球化的过程中，文化差异常常会被忽略甚至无视，想当然地以为过去的成功也会成就现在的事业，以一种因循守旧的心态去开拓市场，结果是可想而知的。保持现状永远不可能进步，蒙森说："人类的创新之举是极其困难的，因此便把已有的形式视为神圣的遗产。"若是守着遗产过，遗产总有一天会用尽，那时你又该怎么活下去？不想守着遗产过的企业，更应该把握住每一个创新的机会。

宝洁的历史脚步

1837年，威廉·普罗科特和詹姆斯·甘波尔在美国辛辛那提定居并开始创业——威廉生产蜡烛，詹姆斯生产肥皂。1837年，两人成为商业合作伙伴，一家新的公司——宝洁诞生了。

1879年，宝洁推出第一款品牌产品——象牙肥皂。

1886年，Ivorydale厂开始运营，这家工厂采用了最新技术，为员工提供了令人愉快的工作环境，这是当时十分进步的方式。

1901年，金·坎普·吉列发明了KC吉列剃须刀。

1923年，宝洁成为在商业广播中做广告的第一批公司之一。

1946年，"洗衣日奇迹"汰渍在美国市场上市。

1955年，佳洁士牙膏面市，极大地改变了人们的口腔护理观念。

1961年，宝洁率先推出一次性纸尿裤帮宝适。

1981年，研究人员提炼出可产生富含营养物酶的天然酵母，这促成了SK-II的成功开发。

1988年，宝洁进入中国市场，在中国销售的第一款产品是海飞丝。

1991年，潘婷Pro-V面市，成为全球销量增长最快的洗发产品。

1996年，宝洁开始支持希望工程，首次向中国青少年发展基金会（CYDF）捐赠200万元，用于修建10所宝洁希望小学。

2010年，宝洁成为夏季奥运会首席赞助商，推出"为母亲喝彩"营销活动。

2012年，宝洁庆祝公司建立175周年，期待在未来继续创造亲近和美化全球数十亿人生活的品牌。

柯达 胶片帝国留下的斑驳影像

2012年1月3日，柯达因股票平均收盘价连续30日跌破1美元而受到纽交所的警告——如果股价在未来6个月内仍无起色，柯达将被摘牌。经历了17天的煎熬之后，2012年1月19日，柯达最终还是提出了破产保护申请。已经经历132年风风雨雨的柯达，终究没能阻止帝国大厦的倾覆，这一步，让众人屏住了呼吸，感觉到了内心的凝重。

1. 执著也是一种错

过去的辉煌在现在看来特别刺眼，无论在胶卷时代还是在数码时代，柯达一直是行业技术中的领导者，却因为缺乏技术创新而被淘汰，让人不得不感叹世事难料。由于在胶片业务上分外执著，当数码产品高速席卷世界的时候，随着胶卷行业被逼入死角，作为感光技术的龙头老大，柯达也逐步失去了这些业务带来的丰厚利润和行业的领导地位。数码相机的研发成功没能带领柯达走向光明的未来，而是将它引入了死亡的深海。

20世纪末，胶卷行业已渐显颓势，数码需求骤增。柯达前高管里·马特森曾在1979年就预测市场的不同部分将从胶卷时代向数码时代转变。在长达十年之久的"机会之窗"面前，柯达并没有表现出以往对相关技术进行颠覆性改革的魄力，没有为数码摄影取代胶卷做好准备，而是选择利用数码技术来提高胶卷的质量，仍然将重心放在传统的胶片上，没有预料到数码技术的"创造性破坏"。

抓住数字化浪潮机遇的佳能、尼康等企业迅速挤入相机领域，当柯达意识到数码大潮已经彻底切断了胶卷的未来时，缓慢进入数码相机领域的柯达才发现，在胶片市场上的技术储备已经丧失了带领自己杀出重围的锐利优势。

整个市场的格局被数码革命彻底搅乱了，柯达不仅被这场意料之中的革命打昏了头，而且毫无还手之力。瞬间，众多知名的、不知名的企业都开始蚕食柯达原有的市场份额，而柯达原以为能救自己于水火之中的家庭数码照片打印也受到惠普和戴尔拍照手机、数字冲印等细分市场的致命威胁，整个游戏中柯达已经处于劣势。数码技术正突飞猛进，一路高歌，高端数码技术更让人眼前一亮，相比于原有胶卷技术的种种缺陷，消费者纷纷投入更简单、方便的高端数码相机的怀抱。底片和相纸除专业人士之外已无人问津，以低端战略为发展主线的策略也背离了市场的需求，再加上柯达数码相机本身的技术缺陷，柯达的前途和命运岌岌可危，令人担忧。

2. 一错再错

当柯达刚刚在数码领域站稳脚，正准备奋力追赶的时候，又遭遇了当头一棒——数码相机的替代品、带照相功能的手机正趋于大众化，并且手机照相功能与数码相机之间的差距越来越小。这是一个危机，同时也是一个机遇。

意识到手机构成的巨大威胁，也知道自身势单力薄，难以抵挡，2006年，柯达与摩托罗拉签订了一项为期10年的协议，加强在产品、营销、研发和技术许可方面的合作。它还与Skype合作，以期构建一个有利于柯达的"数码生态"。但是，柯达顽固地认为消费者在拍照后会选择打印保存，一直看好照片打印和终端市场。事实上，随着互联网的大行其道，消费者更倾向于以数字形式保存照片，并能随时通过网络共享。柯达再一次对市场发展的方向判断错误，它还是沉溺在自己过去的成功设置的陷阱里不能自拔。

老牌企业是现有市场的既得利益者，它们满足于现状，不愿意改变。主流企业良好的业务表现让它们高傲地看着市场上的厮杀，想凭借自己雄厚的实力和市场爆发力后发制人，却不想在作为一个旁观者无动于衷时，也随时会成为别人下一个要消灭的对象。已经有所成就的企业很少能保持进取的激情，也不再那么勇敢地像当年那样站在创新的风口浪尖上，当意识到自己的领导地位受到威胁时再做回应，显然已经太晚了。

柯达作为传统行业和文化的代表，曾为我们记录了一个时代的影像，但是柯达的遭遇也显示了传统行业缺乏创新、保守固执、正在渐渐被抛弃和被遗忘的可怕事实。一个影像帝国在技术浪潮中被湮没，留给世人的记忆会慢慢消退，但给我们的警醒是不能忘记的。

柯达百年浮沉史

1880 年，当时还是银行职员的乔治·伊士曼开始利用自己发明的专利技术批量生产摄影干版，这就是伊士曼柯达公司的前身。伊士曼在干版生意上大获成功，翌年与商人斯特朗合伙成立了伊士曼干版公司。

1881 年底，伊士曼从罗切斯特储蓄银行辞职，投入全部精力经营自己的新公司，同时继续研究简化摄影术的方法。

1883 年，伊士曼发明了胶卷，摄影行业发生了革命性的变化。

1888 年，柯达照相机推出，伊士曼奠定了摄影大众化的基础。

1889 年，伊士曼摄影材料有限公司于伦敦成立。

1891 年，伊士曼在伦敦附近的哈罗建造了一座感光材料工厂。

1896 年，柯达公司成为在希腊雅典举行的第一届现代奥林匹克运动会主要赞助商。

1900 年，柯达的销售网络已经遍布法国、德国、意大利和其他欧洲国家。

1921 年，柯达进入中国，并创建照相学校。《申报》报道了该事件。《申报》1921 年 12 月 23 日载《柯达照相公司创办照相学校》一文："柯达照相公司，迩来在江西路六十四号，创办照相学校，三星期毕业，学费及材料用器费一概从免，该公司近又纷纷致函各代理公司及照相馆，请派人前往学习云。"

1976 年，柯达就开发出了数字相机技术，并将数字影像技术用于航天领域。

1986年1月9日，柯达输掉了与宝利来（Polaroid）的专利官司，因此退出了即时拍相机行业。

1991年，柯达有了130万像素的数字相机。

2000年，柯达的数字产品只卖到30亿美元，仅占其总收入的22%。

2002年柯达的产品数字化率也只有25%左右，而竞争对手富士已达到60%。这与100年前伊士曼果断抛弃玻璃干版转向胶片技术的速度，形成莫大反差。

2003年9月26日，柯达宣布实施一项重大的战略性转变：放弃传统的胶卷业务，重心向新兴的数字产品转移。

2004年1月，柯达宣布裁撤其现有20%的员工，即当时70000多名员工中在生产和行政部门的12000～15000人。2004年1月13日，柯达宣布：将停止在美国、加拿大和西欧生产传统胶片相机。2004年底，柯达将停止制造使用Advanced Photo System和35mm胶片的相机。胶片的生产还将继续。

2005年1月，柯达任命了新的CTO——William Lloyd，这位在惠普工作了31年的技术专家，被外界冠以"数字CTO"的称号。

2011年10月1日凌晨，美国当地时间星期五，拥有131年历史的相机制造商柯达可能提交破产保护申请。受此消息影响，美国股市中柯达股票一度暴跌68%，创下该公司自1974年以来最大的单日跌幅。

2012年1月3日，柯达公司宣布已收到来自纽交所的警告，因为其平均收盘价已连续30日跌破1美元。如果股价在未来6个月内仍无起色，柯达将面临摘牌。1月19日，柯达宣布已在纽约申请破产保护，以争取渡过流动性危机，确保业务继续运营。4月20日，柯达正式宣布破产，正在进行资产评估和拍卖。

通用 真正的敌人是自己

成功的企业有时候最应该警惕的不是竞争对手，而是自己。不知不觉中，昔日使企业获得成功的经验就渐渐演变成了企业进一步发展的桎梏。

对于通用，有人士指出："在通用，改变的最大障碍可以总结为一个词——历史。"

曾经是通用领导人的艾尔弗雷德·P.斯隆，在他1965年的回忆录《我在通用汽车的日子》中写过这么一句话："无论多大或多成功的汽车制造商，任何僵化作为都会让它在市场上失利。"他当时其实是在评论亨利·福特固守僵化的商业模式，没有及时改变和创新以生产符合美国境内不同需求的汽车。但是，颇具讽刺意味的是，估计斯隆自己也不曾预料到，几十年后他这句话居然也用在了通用的身上。

拥有百年历史的通用汽车公司（General Motors Corporation）成立于1908年，20世纪20年代从福特手中抢走了汽车领导品牌的宝座，到50年代成为汽车行业最大的劳工雇主，70年代中期通用在美国市场的份额接近50%。此后，通用经历了长达30年的衰退。

在2008年以前，通用连续77年蝉联全球汽车销量之冠，作为美国三大汽车公司巨头之首，从2005年一直亏损到2008年，其中，2007年亏损额更是高达378亿美元。由于受到次贷危机的直接冲击，市场需求萎缩，加上沉重的债务负担，2009年6月1日，通用正式按照《美国破产法》第11章有关规定，向美国纽约破产法院递交破产申请。这是美国历史上第四大破产案，也是美国制造业最大的破产案。

"冰冻三尺非一日之寒",积累了长达30年的衰退,通用也没能从中醒悟,查找自身的弊病,最终还是功亏一篑。回顾通用的历史我们会发现,把通用推向死亡的种种原因都可以归结为一点:故步自封,因循守旧,没有了创新也就难以让自己重新生机焕发。

可以说,金融危机只是通用破产的诱因,更深层次的原因有两个,一个是沉重的劳工成本,多年来一直压得通用喘不过来气;另一个是缺乏创新,没有了追求卓越的紧迫感和符合市场需求的汽车车型,最终被市场淘汰也怪不得现实的残酷。

1. 被工会挟持,没能全身而退,就只能背负重担前行

20世纪80年代初期,通用汽车的生产成本就高得惊人。与通用相比,日本人生产一辆同款的汽车成本要比通用少1500～2000美元。1992年通用的会计年度结算结果显示,通用在北美每生产一辆汽车平均就会亏损1500美元,市场占有率也持续下降。而长年累月的高工资和丰厚的员工退休金会使通用每辆车的成本增加1600～1800美元,如果能够将劳工问题解决好,也许通用就不会有那么严重的财务问题。甚至在1990年,通用首席执行官还与美国汽车工会签订了一份长达三年的合约,同意就算员工因为汽车销量下滑而暂时被解雇,公司也要给超过30万名蓝领工人支付薪水;同时,通用还必须支付劳工终生的退休金。2006年,通用在职职工的平均小时工资为73.26美元,其中包括39.68美元的现金工资、33.58美元的各种福利支出和名目繁多的补贴。相比之下,丰田公司在美国设立的工厂平均每小时工资仅为48美元。公司下岗职工几乎拿全额工资的所谓"就业银行"更是一大负担。

在20世纪80年代末期和90年代初期,尽管每个人都知道通用的劳动合约存在的严重问题,但通用坚持己见,一意孤行。不仅不像卡特彼勒那样终止沉重的美国汽车工会合约,而且忽视了日本劳工更有效率和弹性的做法。

2001年《财富》杂志指出:"通用极少有产品会让60岁以下的人感到兴奋,实际上,它已经是工会的囚犯了。"

优秀的管理经验本身就是一笔财富,不去创新,也不愿改变和学习,通用的这种做法不知道是太固执还是太高傲,也许两者兼有。坚守着过去传承的沉重包袱舍不得扔掉,也压垮了自己。

2. 创新乏力,回天乏术,终是功亏一篑

通用另一个严重的问题就是创新精神的缺乏。最近几年,通用乃至整个美国汽车业都失去了创新精神。新品种虽然不少,但都是"动力强,能耗高"的汽车,在"高油价时代",消费者更倾向于小型、高效能、环保的汽车。通用过度追求大马力,侧重于大型车、SUV产品而轻视燃油的经济性,忽视小型车发展,这种创新方向上的错误会直接打击消费者对它的需求。

另外,产品差别化的渐渐消失,也让消费者对通用失去了信心。1989年通用的市场占有率继续下滑,时任通用财务顾问的约翰·史奈普说:"通用辉煌时期的差异化实际上已消失殆尽了。"斯隆在20世纪30年代一手打造的雪佛兰、庞帝克、奥斯摩比尔、别克等,都是经济实力的象征,但是,渐渐的,通用将这些差异都取消了。不同象征的迷你车型都使用着相同的底盘、零配件,使得不同车型的汽车不仅看起来一样,开起来也感觉不到差别。《财富》杂志的亚历克斯·泰勒对此总结说:"别克汽车的工程师将时间花在次要的门面装饰上,并且在与雪佛兰共享的平台上控制质量,而不是花心思为顾客开发性格独特的汽车。"没有创造性的东西是没有未来的,哪怕它曾经给顾客带来许多惊喜,一旦失去了创造魅力,它终究会被抛弃。

通用创新乏力的另一个表现是创新速度太慢。通用花费了太长的时间去重新设计车型，通用用了9年的时间才推出新型的雪佛兰Cobalt来取代雪佛兰Cavalier，而本田喜美每隔4~5年就会对产品全部进行重新设计。这种没有紧迫感的创新步伐怎么能跟上消费者的需求变化，又拿什么与竞争对手抗衡。

日复一日，年复一年，生产着单调乏味的汽车，受制于财务自杀式的工会合约。在长达30多年的下坡路上，通用眼看着太平洋另一边的日本汽车把手伸到美国市场，生产出外型独特，拥有世界级品质的汽车，建立起不受工会限制的工厂，生生地夺走通用曾经拥有的一切。可通用自己却被旧时代的思维禁锢，完全失去了创新的动力和欲望，被自己幽闭在暗无天日的旧框框里，还以为凭此就能撑得起整个通用的未来。它错了。

所以说，通用的敌人不是福特，不是克莱斯勒，也不是丰田或者本田，而是它自己，是多年累积的弊病，也是它不愿改变、缺乏创新。要怨也怨不得别人，只能怪自己。

每天创新一点点，是在走向领先；每天多做一点点，是在走向丰收；每天进步一点点，是在走向成功。打造什么样的企业当然由你决定，但是不想做行业领导者的企业不是好企业，要多一点创新，把握好创新的方向和速度，让企业更优秀。

通用百年纪

1908年9月16日，杜兰特以别克汽车公司和奥兹汽车公司为基础成立了一家汽车控股公司——通用汽车公司（GM）。通用汽车正式诞生。

1909年，通用汽车全面收购了凯迪拉克，但没有把握住收购福特汽车的最后机会。

1911年，离任的杜兰特创办了雪佛兰品牌，遗憾的是第一款雪佛兰汽车Classic 6并没有首战告捷，而是惨遭失败，却为新雪佛兰的风靡埋下伏笔。1918年，雪佛兰投入通用汽车怀抱。

1916年，斯隆加入通用汽车并出任新汽车配件公司"联合汽车公司"总裁。

1919年，通用汽车成立金融服务公司GMAC，开创了个人零售金融业务。

1923年，在"铜冷却"发动机失败后，后来被称为"现代公司之父"的斯隆走马上任，出任通用汽车总裁。他提出的著名的"协调控制式分散经营"理论也很快成为当代公司经营的典范。

1924年，斯隆在股东年度报告中阐述了自己"不同的钱包、不同的目标、不同的车型"的市场细分战略。由于福特坚持在单一市场提供单一车型，通用汽车很快超过福特，成为美国市场上的销售冠军。

1929年，通用汽车收购欧洲欧宝（Adam Opel AG）80%的股份。

1931年，通用公司确立第一大汽车生产公司地位。

1937年，在一场激烈罢工后，通用汽车承认全美汽车工人联合会（UAW）作为领取时薪工人的谈判代表。

1986年，通用汽车收购英国莲花跑车（Lotus），并于1993年出售莲花。

1990年，通用汽车收购瑞典萨博（Saab）50%的股份，10年后又收购了萨博其余50%的股份。

1998年，通用汽车Flint工厂冲压业务工人举行为期56天的罢工，致使通用汽车北美装配厂全部关闭。

1999年，通用汽车收购日本富士重工（Fuji Heavy Industries

Ltd.）20%的股份，稍后将这些股份全部出售，并不断收购铃木和五十铃的股份。

2000年，通用汽车以24亿美元该公司股票收购意大利菲亚特20%的股份。通用与菲亚特结成战略联盟，至此，世界汽车工业以合作为主旋律走入了21世纪。

2002年，通用汽车签约收购韩国大宇汽车（Daewoo Motor Co.）大部分股份。

2007年，通用汽车与UAW签署协议，将通用汽车退休员工医疗保险转移至一个独立的信托基金。

2008年7月，通用汽车宣布，计划削减100亿美元成本，并通过借款和资产销售筹集50亿美元资金。11月，通用汽车发出警告，称2009年上半年，该公司流动资金将不足以达到运营业务的最低要求。12月，通用汽车和克莱斯勒获得174亿美元政府贷款。

2009年1月21日，丰田汽车超越通用汽车，首次荣登全球汽车销量排行榜榜首。

2009年6月1日，当地时间8时根据美国《破产法》第11章正式向纽约破产法院递交破产申请。成立于1908年的通用汽车将成为依美国《破产法》第11章申请破产的美国第三大企业、第一大制造业企业，也是破产涉及员工人数第二大企业。同时，这也是美国汽车业继克莱斯勒申请破产保护后，又一宗全球汽车业巨头破产。此时，全球汽车业的中心——美国底特律只剩下了福特汽车一根独苗。

2010年，一年半之前曾被摘牌的美国通用汽车公司重返华尔街。美国通用汽车公司申请破产保护一年半之后完成了改革和精简，新公司上市，股票大幅度上涨，这对曾经需要美国政府和其他国家政府提供500亿美元的紧急贷款才能渡过经济下滑和自身失误造成的后果的通用公司来说，是一个巨大的转机。

策略二 选择合适的商业模式

企业之间竞争成败的关键有时候就看谁的手段更有效，谁的商业模式更有竞争力。就像曾经京东、苏宁和国美的价格战，作为同行业的三大竞争高手，实在难以分辨高低，但是京东别出心裁，有意无意地将战事闹大，借助媒体的影响力扩大知名度，创造一个"京东影子店"，从而弥补自己没有实体店的缺陷，其策略可谓高明。

——笔者

慎重选择商业模式

理论透析

每个企业都有自己的商业模式，我们可以说商业模式是企业生产及销售产品获得收入的方法，是帮助企业以相对较低的成本去赚取相对较高利润的商业系统。记得《中国商业评论》对商业模式是这样定义的：商业模式是企业经营的环境、企业需要实现的财务目标，以及在给定环境中实现既定的财务目标所需要的内部活动和能力。它是一种系统的设计，是用来衡量一个企业的健康状况、打造一套可以持续赢利的方法。

不管是通过直销模式实现赢利的戴尔，还是通过连锁模式打造零售巨头的沃尔玛，成功的商业模式案例不胜枚举。乌鸦喝水的例子就警示我们改变一种思维方式和创新一种思想，带来的结果是显而易见的。在肯德基与麦当劳的对比中，我们发现持有一种特色品牌固然重要，但是怎样在全世界站稳脚跟并一直保持优势，肯德基的商业模式给了我们很大的启示，因地制宜地创新，"非零开始的特许加盟"商业模式使得肯德基比麦当劳赢得了市场上更多的席位。然而麦当劳在创新方面似乎没有肯德基使消费者耳熟能详。上海批批吉（PPG）服饰有限公司，公司员工不到500人，没有厂房和流水线，没有一家实体店，只有周转的仓库，仅凭呼叫中心和互联网，每天卖掉大量男式衬衫，用了短短一年多时间迅速跻身国内衬衫市场前三甲，PPG男士衬衫销量在国内市场排名第一，成为服装行业传统商业模式的颠覆者。再者，索尼的故步自封更使得企业寸步难行。这里，我想现在的苹果、三星和诺基亚在电子产品的竞争中，商业模式或许能给我们提供一个新的问题视角。

商业模式的误区主要有如下几方面。

（1）商业模式不等同于战略

商业模式是告诉我们企业为什么存在和为什么能发展，是企业最能创造价值的各种要素的组合，而战略仅仅是企业竞争运营层面的要素，服从于企业愿景和使命，而商业模式远高于企业愿景和使命，是企业的立足之本。

同时，商业模式更强调企业价值的实现，而战略模式告诉企业如何选择更好的自处和竞争，并在竞争中获得自己的竞争优势。

（2）商业模式不能固守

任何一个商业模式都有其成功的因素，如对消费者的深入了解（如PPG）、对供应商的需求满足（如国美）等，但每个商业模式同时又有自己的不利之处，在优势发挥的同时，劣势也在彰显。商业模式需要不断修正方可长盛不衰，一味地固守原有的商业模式，必将导致企业的发展延缓和衰退。

（3）不能刻意追求商业模式

不能为谋求商业模式创新而拼凑商业模式，商业模式的成功是多方面因素综合考虑的结果，不能为追求商业模式而追求商业模式，所有的商业模式其实只是实现既有商业目的的一种手段。

（4）不能简单照搬商业模式

成功的商业模式有其成功的各种因素，所谓天时、地利、人和，是其对外界环境正确判断而且果断行动的结果，同时，这种机会的把握又和其资源紧密匹配。简单地认为只要是有好的商业模式企业就一定能成功是不可取的。

（5）运营竞争思维方式并不等同于商业模式

运营竞争思维方式仅是对商业模式的实际运作进行了支撑，也是商业模式有效运行的重要环节，但其并不是商业模式，在很大程度上仅对产品同化、渠道同化、品牌同化、促销同化、执行同化等起到推进作用。

戴尔 适时变革商业模式

1. 直销的诞生

1983年,生物学专业的迈克尔·戴尔凭借其对商业的浓厚兴趣在计算机市场上找到了一个当时看似并不起眼的商业机会:一方面考虑到计算机批发商接手的个人电脑(简称"PC")机并不能及时出售;另一方面考虑到用户又无法得到他们所希望配置的计算机,那么如果将批发商那里积压的PC机低价买进,并增加某些特性,高价卖出,岂不是可以大赚一笔?于是,批发商的价格与用户得到的服务之间的差距便创造了戴尔的直销模式,与同行业其他公司相比,其在销售乃至行政成本上都具有绝对优势,发起"全球联网24小时热线响应,翌日维修"更是赢得了大批客户的青睐。在这一点上,戴尔的第一步做到了对商业模式的改革。

紧接着,独具慧眼的戴尔开始独立设计和制造自己品牌的计算机,其在运行速度、可靠性和配置灵活性上都占有绝对优势,专为顾客量身打造并在通过计算机交易会上组织销售的同时,加快了全球发展的进度,积极大胆地改革公司结构,提供了一个更为有效的全球范围统一的产品资源。更加值得称赞的是,面对刚刚展开的互联网业务,戴尔敏锐地感觉到了互联网时代的到来,并在第一时间通过互联网架设了自己的电子市场——http://www.dell.com,实现了对商业模式的再次创新。

2. 独特的"中国式结合营销"

然而,很多人很好奇,为什么中国市场上常看到戴尔产品与其他品牌的电脑摆在一起进行现场销售,难不成戴尔的直销无效了?

国情决定购买习惯，购买习惯决定销售方法——这就是戴尔的聪明之处，考虑到中国的物流链和购买习惯等问题，戴尔在实际运作中，"创造性"地采用了和国内其他IT生产商一样的渠道分销法，甚至干脆采用分销和直销结合的形式，目的就是卖出戴尔产品。毕竟产品的质量、品牌、服务还是一流的，这足以使其成为有力的市场竞争者。

中国式的分销与直销相结合，是戴尔适应市场的行为，更是戴尔针对商业模式进行创新的产物。

3. 触及多元化模式

成熟企业到达顶峰之后是否能够突破瓶颈寻找新的方向，往往决定着企业是否能够成功转型。很显然，戴尔的经营模式已经成为了经典中的经典，一直在模仿但始终无法超越。基于此，戴尔公司在业界普遍观望的形势下，大胆迈出了第一步，走上了"多元化"的发展道路。这也是戴尔继"直销模式"之后推出的又一重大发展战略——"多元化模式"。然而，已有的成功并不能保证永远的成功，盲目的扩张会不会失去原有的竞争优势，戴尔到底能否迎来事业的"第二春"，我们拭目以待了。

互联网的出现也在告诫着我们：社会是在变化中不断发展的，任何一成不变的制度都可能随之不堪一击，有些时候看似完美的管理流程和运筹体系终归会在某一天变得腐朽落后，进而成为阻碍，然而戴尔却能够及时调整商业模式并进行改革创新，不让自己被曾经引以为傲的优势无声无息地打败，确实值得学习和借鉴。

4. 戴尔的转型

2013年2月6日，迈克尔·戴尔与全球技术投资公司银湖合作收购戴尔，交易规模为244亿美元，戴尔将由PC制造业转型为IT服务业。

成本将在未来PC市场起到决定性作用；PC生产主力将由美国

转向中国、印度等劳动力资源禀赋丰富的国家。像戴尔这样的 PC 制造商如果不能适应趋势，将难以继续称雄，像联想这样的企业会进一步地收拾残局。对戴尔这样的企业来说，它如果不能彻底转型，任何措施都不可能制止它的业绩下滑。

戴尔大事记

1984 年 1 月 2 日，戴尔凭着 1000 美元的创业资本，注册了"戴尔电脑公司"。

1991 年，戴尔的销售额达到 8 亿美元。

1992 年，戴尔的销售额突破了 20 亿美元。

1994 年，推出了戴尔网站。

1998 年 8 月，将直线订购模式引入中国。

1999 年，戴尔取代康柏电脑（Compaq），成为美国第二大 PC 销售商。

2002 年，戴尔的这一地位被刚刚收购了康柏的惠普公司取代。

2002 年 10 月，宣布在中国大连开设戴尔国际服务（中国）中心。

2003 年第一季度，戴尔再次取得领先地位。

2003 年，股东大会上批准公司更名为戴尔公司。

2013 年 2 月 6 日，迈克尔·戴尔与全球技术投资公司银湖合作收购戴尔，交易规模为 244 亿美元，戴尔将由 PC 制造业转型为 IT 服务业。

沃尔玛 零售连锁的执牛耳者

作为国际大型折扣零售连锁企业，沃尔玛主要有沃尔玛购物广场、山姆会员店、沃尔玛商店、沃尔玛社区店四种营业态式。其一直致力于实现更高的销量、减少利润率、始终保持销售价格低于其他的竞争对手。

当然，所有的大型连锁超市都采取低价经营策略，沃尔玛的与众不同之处在于，它想尽一切办法从进货渠道、分销方式以及营销费用、行政开支等各方面节省资金，提出了"天天平价，始终如一"的口号，并努力实现价格比其他商号更便宜的承诺。严谨的采购态度、完善的发货系统和先进的存货管理，再加上积极改进的物流系统和采购渠道，在原有基础上做出改革和创新，竭力寻找出色、新颖的想法，完善沃尔玛的整套宏观体系，是促成沃尔玛做到成本最低、价格最便宜的关键因素。

1992年4月5日，山姆·沃尔顿去世，一代明星就此陨落。在沃尔玛，沃尔顿曾经设计了一套流程，就是每周持续搜集沃尔玛百货及竞争对手的各种信息，在这个流程的有效督促下，可以清楚地了解到"什么事行得通，什么事行不通"，进而直接修正一些细节，从而确保将一些错误操作扼杀在最初的摇篮里，全面提高沃尔玛百货的整体执行力。

基于此，《财富》杂志曾经大幅刊登了一篇文章，介绍一位记者用一个星期的时间跟踪采访沃尔玛百货的一位高层管理人员，全面深入地了解在沃尔玛百货里，总部如何做到与各个区域进行有效的信息沟通，总裁如何向沃尔玛百货的伙伴表示他们的重要性以及如何传递自己的希冀，各个负责人如何将发现的问题聚合在一起并在最短的时间内得到最高效的处理（见表1）。

在现代商业管理中，信息沟通的确有不可忽视的分量，其中"通"是关键中的关键。试想一下，如果信息发出者无法清楚地表达自己的想法和要求，如果信息接收者曲解了信息发出者的意图，那么造成的误会就会引发不可控制的局面。

策略二 选择合适的商业模式

表1 沃尔玛一周工作的基本流程

时 间	主要工作
星期一	各区域副总裁乘沃尔玛百货专机飞往其负责地区
星期二	巡视其管理区域,尽可能访查沃尔玛百货及其竞争对手的商店
星期三	不断告知沃尔玛百货的伙伴它们的重要性; 走进沃尔玛,了解畅销品和缺货情况,尽量协调库存
星期四	各区域副总裁到本顿维尔市总部分别整理他们对问题的想法
星期五	各区域副总裁在经营会议上相互交流之前整理的问题; 对特定商品进行专项讨论; 及时将最新状况马上通知商店的员工
星期六	重点讨论让商店成功的核心任务; 仔细浏览过去一星期的营业收入与利润数据; 分析哪些事进行得顺利,哪些事需要立即改进; 将重要信息通过卫星系统发送到所有商店的电视上,做到信息共享

20世纪70年代,沃尔玛开始使用计算机连接其商店和仓库,制定出沃尔玛销售数据跟踪的具体项目,并降低库存失算。因为在零售行业里,商品的数量与库存、商品的种类和品牌,甚至商品的摆放和挪动都能影响顾客是否情愿将商品放入购物篮,而且正是这个貌似微不足道的细节,在一点一滴中累积成了最终的利润。

有位管理大师曾经说过,人才是企业公司最大的资源。因而随着文明社会的推进,人才管理的重要性也在一点点提上日程,作为日用品的零售商,沃尔顿很聪明,他明白尽管需要面对工会的层层压力,但是为了控制成本,较低的工资分配仍然是最佳的保底选择,而留住优秀人才也是保持沃尔玛长期发展的最大动力,在矛盾中找到恰到好处的处理点便是最睿智的处理。沃尔顿会选择给予员工部分沃尔玛股票来弥补低工资带来的怨怼,并以近乎洗脑式的精神引发员工的最大激情,尽管这些需要领导者的人格魅力,但是毫无疑问,沃尔顿做到了。

企业 管理 策略

例如，在1989年一个星期六的上午会议上，沃尔顿提出，客户接近时，伙伴们应该看向他们的眼睛，向他们打招呼，并询问是否需要帮助。对于那些害羞的同事，他曾经建议："这样，我敢肯定，这样的工作帮助你成为一个领导者，它会促进你的个性发展，你将变得更突出，在以后的时间里，你可能会成为这家商店的经理，也有可能会成为一个部门经理，甚至会成为一个区域经理，或者不管你选择在公司……总之，这段经历会成为你的奇迹。"

古人云："知错能改，善莫大焉。"能够及时发现存在的问题，并能在最短的时间内妥善解决，才能确保整个系统完美无缝、滴水不漏。

沃尔顿曾说过："我们重视每一分钱的价值，因为我们服务的宗旨之一就是帮每一名进店购物的顾客省钱。每当我们省下一块钱，就赢得了顾客的一份信任。"

2007年9月12日，沃尔玛推出新的广告口号"省钱生活得更好"，而不是"天天低价，永远"。尽管沃尔玛的批评者认为，沃尔玛的低价格吸引客户远离其他规模较小的企业，伤害社会，甚至声称，因为对中国产品的过度依赖，沃尔玛正在损害美国经济，但是毫无疑问，作为国际大型折扣零售连锁企业，沃尔玛的成功是不言而喻的，就像在铺就一条通往某处的公路，首先限定了方向，并时时刻刻告诉自己的工人目的地是哪里，何时需要铺上基层，何时需要淋上沥青，哪处需要合拢，哪处需要加固等，就这样，沃尔玛的整套管理体系为自己的成功事业增加了砝码，并在不断变化中竭力完善每一个细节，最大限度地注入新的润滑剂，确保沃尔玛的顺利运营。

沃尔玛大事记

1950年，山姆·沃尔顿开设了第一家特价商店。

策略二　选择合适的商业模式

1962 年，沃尔顿以"Wal-Mart"为名在阿肯色州拉杰斯市开办了第一家沃尔玛平价商店。

1972 年，沃尔玛公司在纽约上市发行股票，其价值到 1999 年翻了 4900 倍。

1979 年，沃尔玛总销售额首次突破 10 亿美元。

1985 年，美国著名财经杂志《福布斯》把沃尔顿列为全美首富。

1987 年，在得克萨斯州加伦市开设了第一家综合性百货。

1988 年，在密苏里州华盛顿市成立了第一家沃尔玛平价购物广场（super center）。

1991 年，沃尔玛年销售额突破 400 亿美元，成为全球大型零售企业之一。

1992 年 3 月 17 日，沃尔顿荣获"总统自由勋章"。

1993 年，销售额高达 673.4 亿美元，比上一年增长 118 亿多美元。在英、法、德等欧洲国家已拥有 330 家零售商店，其海外营业额已占总营业额的 27.6%。

1994 年，正式成立国际业务部，专门负责境外事务。

1995 年，沃尔玛销售额持续增长，并创造了零售业的一项世界纪录，实现年销售额 936 亿美元。

1997 年，沃尔玛年销售额首次突破千亿美元，达到 1050 亿美元。

1999 年，员工总数达到 114 万人，成为全球最大的私有雇主。

2010 年 11 月 19 日，沃尔玛中国旗下品牌山姆会员商店在中国推出网上购物服务。

2010 年，沃尔玛公司再次荣登《财富》世界 500 强榜首。

2012 年 4 月，推出了一种名为"现金支付"（pay with cash）

的新服务。

2013年3月,有人预计沃尔玛在线销售额有望超过90亿美元。

肯德基 坚持品牌特色

肯德基,即被人熟知的KFC,是来自美国的著名连锁快餐厅,属于世界上最大的餐饮集团——百胜餐饮集团,其在全球100多个国家和地区拥有超过3.3万家连锁店和84万名员工。1952年,由哈兰·山德士上校创建,主要出售炸鸡、汉堡、薯条、汽水等西式快餐食品。

肯德基的经营理念是不断推出新的产品,或将以往销售产品重新包装,针对人们尝鲜的心态,从而获得利润。其针对中国市场进行改革创新的"非零开始特许加盟"商业模式,也真正实现了双赢。一方面,对被特许者来说,可以立即获得一个成熟的赢利模式,从而大大减少投资风险;另一方面,作为特许权所有者,吸收投资者加盟也会获取利益。

所谓特许经营,是指由特许经营者向转让者支付一定的转让费而获得专利、商标、产品配方或其他任何有价值方法的使用权,转让者不控制战略和生产决策,也不参与特许经营者的利润分配。肯德基所采用的经营手段正是这种特许经营的加盟方式,肯德基提供品牌、管理和培训以及集中统一的原料、服务体系,合作方利用统一的品牌、服务来经营,最后双方按照约定来分享商业利益。而"不从零开始"则指肯德基将一家成熟的、正在赢利的餐厅转手给加盟者,这样就可以大大降低加盟者的风险。

1987年11月12日,从肯德基第一家店铺在北京前门繁华开店，到今天，百胜餐饮集团几乎把门店开到了中国的每个角落，肯德基在中国的开店速度更是达到了每天一家。高标准的服务质量是它的生命线，也是它参与竞争的资本。为此，肯德基塑造了具有服务意识导向的强有力的企业文化，员工在接受肯德基组织文化的同时，对其各种繁复的规章制度也就深深内化在心中了。

1. 餐厅经理第一

所谓"餐厅经理第一"，即餐厅经理被充分授权，在经理、主管层提倡自主管理。餐厅经理是餐厅的核心人物，是餐厅经营成败的关键，更是餐饮企业品牌成功的根基。因此，肯德基培养餐厅经理从来都是不遗余力。肯德基要求每一位餐厅经理必须熟悉并详细了解餐厅内的全部运作流程，从介绍产品、库存管理，人员管理、危机处理，到品质控制和人力成本，都要了然于胸。通常培养一名称职的餐厅经理需要1~4年的时间，在此期间，他们要学习很多知识和专业技能。

除了培训，肯德基还有温情激励的一面。在百胜餐饮集团中国区年会上，中国百胜总裁会向取得优异业绩的资深员工颁发刻有飞龙的金牌——"金龙奖"，这极富中国特色和激励性。对于每年在餐厅销售和管理上出色完成公司"冠军检测"考核要求的餐厅经理，公司都会给予特别礼遇，他们会从世界各地飞到百胜餐饮集团总部，由名贵轿车接送，与总裁共进晚餐。

2. 群策群力，共赴卓越

在中国百胜餐饮集团下属的所有企业里，不仅企业要成长，个人也要成长，连协作厂商、合作合资伙伴都要成长，即"群策群力，共赴卓越"。百胜餐饮集团相信，为这些年轻人做个人职业生涯的发展规划是至关重要的，既要满足年轻人需要创新与拓展的意愿，又要满足企业长远发展过程中对人员储备的需要。目前，肯德基的餐厅经理都是一步步从基层餐厅服务员成长起来的。肯德基的阶梯式职业发展通道，使每一位具有潜质的员工都能看到攀登的希望。

对供应商来说，肯德基带来的不仅是快速的成长机遇，而且从自身发展来说，也使他们更具市场竞争力。企业、员工、协作厂商、合作合资伙伴在肯德基的远景目标引导下，通过沟通，彼此积极配合，共同努力，结成一个紧密的团队，能达到整体绩效远大于个体绩效的结果。年会上，集团内各管理部门与合作伙伴、供应商之间就相互合作和未来发展方向进行探讨，交流经验，使彼此加强了沟通，增进了企业凝聚力和众人合力追求卓越的信心。

3. 注意细节

"请陈述找零的全套操作过程！""请问上校鸡块是用哪种鸡肉制成的？"这是某届百胜餐饮集团中国区年会上"业务冠军挑战赛"的刁钻问题，台上的来自全国各地的餐厅经理却争先恐后地给出了答案。服务行业无小事，食物质量、服务态度、餐厅气氛，餐厅对顾客提供的价值，就是这一点一滴的细节的总和。注意细节体现了肯德基对完美服务质量的重视和追求。

4. 培训无止境

新员工从踏进公司大门的那一刻起，就被量身制定了培训与发展策略，以配合整个系统的发展和运营。新进公司的餐厅服务员，每人会有一个平均200小时的"新员工培训计划"。餐厅管理人员不但要学习入门的分区管理手册，还要接受公司的高级知识技能培训，并会被送往其他国家接受新观念以开拓思路。餐厅经理应是直接面对顾客的最重要管理人员，公司便会安排参加各种有趣的竞赛和活动，如每年的"餐厅经理年会""餐厅经理擂台赛"等，既为餐厅经理们提供了交流学习的机会，又弘扬了积极向上的风气。从一个丝毫不了解餐饮行业、不了解餐厅管理的外行人,发展到餐厅经理中的精英,在这个过程中,企业提供的不同培训课程以及为员工量身定制的长远规划功不可没。

5. 因地制宜的改革

显然,作为引进的国外品牌,只有简单的企业文化远远不能满足本土消费者的全部要求。如果只是一味模仿国外的营销策略,会败得彻彻底底。学会因地制宜,做到大方向服从、小方向调整,立于"本土化"发展,显得尤为重要。

因此,肯德基在进入中国市场后,在不断调查与摸索中,根据中国的饮食文化和传统习惯,走产品的本土化生产路线,制定了既符合组织文化,又符合战略逻辑的营销战略。

肯德基采取了"三管齐下"的方式:第一,对异国风味进行中式改良,如对墨西哥鸡肉卷、新奥尔良烤翅和葡式蛋挞等进行中式改造;第二,推出符合中国消费者饮食习惯的中式快餐,如寒稻香蘑饭、芙蓉蔬菜汤、榨菜肉丝汤、皮蛋瘦肉粥、枸杞南瓜粥等;第三,开发具有中国地域特色的食品,如京味的老北京鸡肉卷、川味的川香辣子鸡、粤味的咕咾肉等。肯德基试图让自己成为中国人的一种生活方式,成为中国普通人的邻居,真正融入中国人的生活。

随着人们消费能力的提高,健康饮食的观念也逐渐渗透到日常生活中,因而以美式炸鸡为主、单一且不健康的食品结构便遭到质疑。如今肯德基不再仅仅说"我们做世界上最好的炸鸡",更提倡健康生活。2004 年,肯德基推出《中国肯德基健康食品政策白皮书》。肯德基近年在新产品研发过程中,不仅在种类上不断推出早餐、蔬菜、汤类等新产品,在制作方式上除了传统的油炸,还推出了烤、煮、凉拌等方式,甚至推出的烤鸡类产品——新奥尔良烤翅,突破了肯德基 50 年的传统烹饪方法,在减少脂肪含量方面迈出了坚实的一步。这正符合了国内消费者追求饮食均衡、营养、健康的消费潮流。

除了改善产品外，在传播营养知识、倡导健康生活理念方面，肯德基也已经做了大量工作。针对可塑性最高的孩子们，肯德基餐厅定期举办"欢乐大本营""带动跳"，通过他们喜爱的游戏活动，让孩子们学习健康知识，跳健康操；与中国篮协举行"全国青少年三人篮球冠军挑战赛"，让爱好篮球的中学生不花一分钱就能够在不影响学习的情况下达到锻炼的目的，这也实现了肯德基提倡的"健康生活"的宗旨。

在此基础上，肯德基的定价策略普遍采用组合定价，将主餐或配餐、甜点饮料等合理搭配，发放优惠券给顾客，适当调低价格，达到促销的目的，同时也使点餐速度大大提高。降价策略较典型的是超值套餐、早餐优惠、外带全家桶。总之，就是给消费者一点小恩小惠，用优惠让利诱惑消费者，吸引消费者不断购买。同时，积极采取诸如广告策略、人员推广与营销推广策略、公共关系策略的促销，进而达到树立企业形象、增加销售额、优化商品结构、向顾客传递信息、加强与消费者联系等目的。

与此同时，肯德基改用品牌口号"生活如此多娇"，并且通过广告、新闻等多种渠道，向消费者宣传肯德基"贴近生活、温暖人心"的形象。中国百胜餐饮集团总裁苏敬轼不止一次在公开场合表示这样的观点：让消费者得到物有所值且本土化的服务，才是肯德基对他们最大的尊重。

很显然，在改革创新上，肯德基确实做出了很大的努力。然而最近肯德基频繁遭遇信用危机，例如，"老油门"、食物掉在地上继续卖、生产日期随意更改、员工不经培训即上岗、"豆浆门"、原料鸡事件、"秒杀门"、苏丹红事件等，这些事件在提醒我们食品安全与相关部门监管不足的同时，也让我们看到了肯德基针对意外情况所做出的迅速处理，当我们在责备企业唯利是图、缺乏道德意识和社会责任的时候，是不是也可以透过这些现象看到不同的东西呢？

相比于肯德基能够做出立足本土化进行的改革与创新，麦当劳则显得有些力不从心了，中国有句古话是"打江山容易，守江山难"，而麦当劳貌似并没有及时意识到打造品牌与营销战略在运营不同时期所扮演的角色，在改革与创新方面的严重迟缓，终于在2002年的股票市场上得到了最有力的体现，股票的严重下跌在给麦当劳重头一击的同时，也引发了麦当劳的积极应对，只可惜在众多问题面前，新任首席执行官的力量还是略显薄弱。

2003年6月，麦当劳迫于全球业绩与成本控制的压力，开始挥起了价格利器，首先是实施全面的逆势涨价；而在距离整体产品涨价8个多月后（2004年3月），又将近十种主打产品全部砍到5元之内，最高降幅达50%。而肯德基却少有如此的价格反复，一直坚持走"合适的价格与合格的产品"路线。据悉，麦当劳产品的成本控制也一直居高不下。在产品的采购供应上，麦当劳倾向于美国国内企业为中国提供货源，而肯德基则更钟情于在中国本土发展供货商。肯德基在中国的本地原料采购比例已达95%，其中面包、鸡肉和蔬菜全部来自中国本土。

从肯德基到麦当劳，不难看出，特色品牌的存在的确给消费者的生活带来不同程度的影响，但是有了品牌并不能意味着永久的成功和胜利，相反，一味地持有品牌并活在品牌的成功荣耀下而慢慢忘却了改革与创新，最终只会在这样的温床里被突降的冰雪赤裸裸地冻醒，甚至伤及骨髓。

肯德基在中国的发展历程

1987年11月12日，在北京前门繁华地带开设了中国的第一家肯德基餐厅。

2000年11月28日，在中国的连锁餐饮企业中领先于同行，第一个突破400家。

2001年10月，肯德基中国餐厅数达515家，远超第二名的麦当劳。

2004年，中国内地第1000家餐厅在北京开业。

2004年12月，中国肯德基第1200家餐厅落户三亚。

2007年11月，中国肯德基第2000家餐厅落户成都。

2009年6月，中国肯德基第2600家餐厅落户郑州。

2010年6月，中国肯德基第3000家餐厅落户上海。

2012年2月，肯德基30年来首次获准在伊朗开分店。

京东商城 拒绝实体店

眼下，经济的冬天来了，而360buy京东商城的刘强东却在问："冬天来了吗？"京东商城正在享受"春天"。

"连续4年来300%的年增长率没有任何降低的迹象。从2004年我们正式进入电子商务领域以来，这个增长率一直如此。2005年京东的销售额只有3000万，2007年达到3.6亿，而2008年至少会有13亿进账。"另外，据第三方检测机构统计，京东商城以47.6%的份额领跑着3C（消费电子产品、通信产品和电脑产品）网上零售市场，远远高于同期的卓越（9.6%）、当当（1.8%）。

1. 被"逼"出来的商业模式

企业的发展需要契机，2003年一场"非典"让很多公司倒闭，但也成为一些公司成长的契机。京东商城就属于后者，"4年前，京东公司已是全国最大的光磁产品零售商，全国有12家门店，但2003年'非典'袭来，所有的店都关了，店员全部被遣散，库房里压货很多。为了降低损失，我们只好在各大IT类网站论坛发帖子，搞团购，没想到从此一头扎进了电子商务"，刘强东颇有感慨地说。

2004年，公司网站创建，真正步入电子商务领域，而且还是带着一路飘红的业绩走到今天。

"与传统卖场相比，我们销售的产品要便宜很多，平均在20%左右。原因很简单，与传统电子商务线上线下同步运营的商业模式不同，我们没有实体店，这带来的好处便是运营成本的降低。"

"比如传统的家电卖场，店面越多，成本越高，当然这些都会体现在产品价格上。而线上部分的销售由于受到线下销售价格的牵制也没有了价格优势。而我们的'连锁店'是能够上网的每一台计算机，覆盖面更广，没有地域限制，且成本增加不大。"

"在付款方式上，我们也比一般的网络卖场有创新。如果你是个相对传统的消费者，那么你可以选择货到付款，更可以用移动POS机刷卡。看到货品，满意了，再付费，提升了消费者的购买信心。如果你是个专业的网购者，那么，你可以选择你所熟悉的支付宝进行付款。而如果你是个年轻消费者，兜里钱不多，还可以选择分期付款。"

"另外，我们特别细致地照顾消费者的购物体验。实体店最大的好处是用户看得见、摸得着，为了解决这个问题，京东商场内产品的图片都是实物拍摄。此外，我们还推出了视频介绍产品的新服务，会有真人为用户展示商品。"

"正是这些优势，使得我们最终选择了纯电子商务的销售模式。因为这种模式能为消费者节省真金白银。"

有时，商业模式越简单，越能走得长远。京东商城的模式就是如此。

"京东商城的商业模式看上去并不复杂，但某些细节是无法复制的，这正是我们成功的关键。比如信息系统，我们已经有十年的积累，我们的信息系统是根据我们的实际需求和发展自行开发的，包括前台、后台、ERP系统以及其他各式各样的系统。此外，产品的操作、库存的控制、物流技术的各个环节，京东商城拥有4年的经验和积累，这些都是无法复制的。而且长期形成的顾客口碑效应，也不是一朝一夕就能复制的。"

2. 打造极速供应链

在传统零售业中，3C产品被厂商生产出来，经过经销商、代理商、零售商等四五个层级后，最终到消费者手中的时间一般在3~6个月。3C产品毛利率之所以不高，很大程度上就是由于这种渠道积压导致了产品贬值。刘强东认为，互联网作为一条直销渠道，可以削减传统渠道的层层环节，加快商品的流通。如果帮助制造企业尽快将产品送达终端消费者，京东商城就能实现更多的价值。

因此，京东商城没有像其他B2C商家那样将物流外包出去，而是自办物流。2004~2007年的三年时间，京东商城陆续在北京、上海、广州设立物流配送中心，辐射范围内80%均可做到24小时送货上门。当货物从供应商送达京东商城的仓库之后，一切操作都在IT系统的支持下，实现了标准化的流水线作业，在验货、理货、摆货、出库、扫描、打包、发货，甚至发货后的配送等环节，都设置了监控点，一旦某个环节出现问题，IT系统将立刻报警，相关的管理人员就能查出问题所在，进行快速处理。

京东商城还将信息系统与大型供应商进行对接，实现了库存数据共享。比如，神州数码公司与京东商城进行了系统的互联互通之后，消费者在京东商城下订单时，倘若京东商城库存中无此产品，系统就会直接访问神州数码的库存数据库，并且预约此商品，这样就大大加快了库存的周转。现在京东商城正在努力说服更多供货商与之进行这方面的合作。

现在，只要客户购买的是现货产品，从下完订单到准备发货一共只需要 1 小时 34 分钟，客户还可以在线查询订单的处理状态，上面显示了订单被确认、产品出库、扫描、打包以及出货的每一个确切时间。如果北京的客户想送给扬州的朋友一份礼物的话，还可以精确地计算出这位朋友收到礼物的时间。

2007 年京东商城提出了"五日售后服务"的承诺：自收到客户返修商品之日起，5 个工作日内向客户返回良品或者更换的新品。超过 5 个工作日未能处理完毕，一律按照逾期当天的商城价退款。如今，京东商城的仓库为90%以上的产品留了备件，当返修的商品送过来，技术人员会立刻去仓库里寻找新的备件换上，然后再发给客户，快的时候只要 2 天。通过 IT 技术和流程管理，京东商城的库存周转时间只有 10 天，而国美、苏宁为 40 多天。这么快的周转速度大大降低了京东商城的存货贬值损失，使得其有能力为客户提供比其他渠道低得多的价格。

3. 与传统零售商争雄

在赢利模式上，京东商城也和国美、苏宁这样的传统零售商一样以低价（甚至低于进价）销售产品，获得较大规模的销售量，然后靠厂商返点和其他补贴获得利润。

这一赢利模式的要点，一是要从上游厂商拿到尽可能低的价格，二是要有庞大的销售量。

如果一个产品的日订单量稳定在 500 单以上，京东商城就会绕过经销商试探性地与厂商接触，以取得直接进货权限。目前，已有 500 多家品牌厂商进驻京东商城，80% 采取直供。"直供并不代表得到最好的价格。"刘强东说："他跟你的销量是有直接关系的，销量越大越能得到厂商的返点支持。"

所以，京东商城的第一要务就是规模。"在保持销售价格不提高的情况下，如果销量足够大，实际上毛利率是可以快速提升的。"

2007 年 8 月，京东商城拿到 1000 万美元风险投资，这使得刘强东有能力向家电产品线拓展，此前京东商城的产品线主要集中在电脑和通信。进入家电销售领域，面对的竞争对手将不再只是中关村电子卖场里的商户，与国美、苏宁的正面冲突将不可避免。刘强东表示，任何一个模式都能够满足一部分特定群体的需要，都有各自存在的价值。"两三年之后，京东和国美、苏宁肯定有一个非常惨烈的竞争。"

京东商城提供的低价，给传统渠道带来很多压力。前一段时间，明基因为其投影机在京东商城销售价格过低，而和京东商城打了一场"口水仗"，其背后就有传统渠道商在起作用。事实上，早在 2006 年下半年，就先后有 20 多个品牌厂商向其全国的经销商发出通告，不准给京东商城供货。甚至有一些厂家还向全国所有的代理商发文，只要给京东商城供货就立即取消其代理权。但是，同时也有不少厂商希望通过京东商城这样的新兴销售模式摆脱连锁家电的束缚。而且消费者到网上进行消费是一个比较大的潮流，任何品牌、任何厂商都不能阻挡这一趋势。即使像明基这样的厂商，它们的心态也是很微妙的：从自身利益来考虑，愿意看到京东商城这样的新兴渠道给自己带来更多的销售量，但是当传统渠道表示不满时，它们又不得不对新兴渠道"敲打"一番，况且，京东商城也确实为厂商带来了好处。

"首先,我们会给厂商出示具体的数据,比如某款宏碁的笔记本,究竟是哪个年龄段的人喜欢?什么类型的人喜欢?男性还是女性?公司职员还是政府机关人员?这些数据都能够很好地帮助厂商分析市场。尽管各级经销商也会有数据统计,但是层层向上递交,难免会有信息遗漏或失实,而我们提供的是直接从消费者那里统计来的数据。"

其次,京东商城与连锁卖场最大的不同就在于不向厂商收取进场费、店面费,这就为厂商降低了不少成本。从财务角度来看,京东商城给厂商的另一个诱惑是更短的回款周期,比如向家电厂商许诺10天账期,而连锁卖场一般要40多天。在京东商城2008年的收入构成中,IT类占60%,数码通信类占25%,家电类占15%。而在2009年的规划中,刘强东希望家电比例上升到20%。现在,京东商城每个月能卖出4000台电视机。2008年10月以来,京东商城又开始有步骤地上线日用百货类商品,12月就完成了500多万元的销售额。在刘强东的规划中,2009年百货类销售收入将为约2亿元。

4. 做好"过冬"的准备

在2007年的时候,京东商城得到了今日资本的支持。刘强东当时只要200万美元,结果经评估后,最后签约时给了1000万美元。"风投看重的是商城持续的增长业绩和良好的市场前景,商业模式满足了消费群体的需求,消费者在选购商品时最注重产品是不是正品行货,质量是不是最好,价格是不是最低,能不能节省真金白银,能不能节省时间,还有就是服务做得是不是最好。"

"我们所说的服务包括物流效率、收款付款确认速度以及售后。这些消费者的需求我们都能够满足,因此黏住了超过100万的用

企业管理 策略

户。而在国内,电子商务市场尚未完全开发,目前,中国网民超过2.53亿,但网购比例只占到了22%。而在美国,这一比例高达80%,韩国更是超过90%。因此,电子商务在中国拥有着广阔的市场前景。"

谈及金融风暴会不会影响京东商城未来的发展,刘强东笑了:"金融危机对京东商城没有任何影响,甚至还有一定的提升。目前物价普遍上涨,这就使得京东商城的价格优势更得到突显。这从我们销量的提升便可以看出。预计未来三年,我们的年营业额将达到100亿元。"但京东商城并不是对"冬天"毫不理会,刘强东一样在做着"过冬"的准备,而且一再强调要抓紧"练好内功"。

"京东商城面对的是3C电子产品的细分电子商务市场,消费类电子产品目前在某种意义上已经成为一种生活必备消费品,用户购买行为和快速消费品类似,在经济环境不好的情况下,这类商品的消费需求也不会降低。"

"比如人们装修了房子,总是要买个电视、空调,参加了工作总是要配部手机。这个市场空间很大,本身就充满了机会。"

"从宏观经济层面上讲,从前中国制造的这类产品70%是外销,现在国外的经济受到了冲击,因此出口转内销,现在刺激内需是大家的一种共识。尤其是当前中央政府调拨4万亿人民币刺激国内经济。内需肯定扩大,这对国内的零售企业来讲肯定是个机会,对于京东商城这样的网上零售企业来讲也会是一个机会,但是当机会摆在面前能否把握机会,就是企业自身的问题了。"

从1998年创业开始,刘强东一直都在努力把握着属于自己的机会,坚持做好自己该做的事情。京东商城的未来谁也无法预料,但可以肯定的是,无论发生怎样的状况,刘强东都会将"京东模式"进行到底。

京东商城大事记

2004年1月，京东公司开始涉足电子商务领域，正式开通京东多媒体网，并在全国首创即时拍卖系统，当年实现销售额1000万元。

2005年11月，京东多媒体网日订单处理量突破500单，全年销售额达到3000万元。

2006年，京东公司成立上海全资子公司，当年实现销售额8000万元。

2007年，京东多媒体网更名为"京东商城"，日订单处理量突破3000单，并获得今日资本1000万美元融资，还在北京、上海、广州建成总物流面积超过5万平方米的三大物流体系，以及启动移动POS机上门刷卡服务。在资本和一系列服务改进措施的助推下，京东商城的年销售额首次突破亿元大关，达到3.6亿元，同比增长350%。

2008年，京东商城的年销售额突破十亿大关，达到13亿元，同比增长261%。这一年，京东商城开始涉足销售平板电视，并于6月将空调、冰箱、洗衣机、电视等大家电产品线逐一扩充进来，完成了3C产品的全线搭建。所谓3C产品，就是计算机（computer）、通信产品（communication）和消费类电子产品（consumer electronics）三者结合，亦称"信息家电"。

2009年，京东商城在资本支持、单月销售额、管理能力提升各个方面均取得巨大突破，全年销售额达到40亿元，同比增长208%。1月，京东商城获得今日资本、雄牛资本以及亚洲著名投资银行家梁伯韬先生的私人公司共计2100万美元的联合注资；3月，京东商城单月销售额超过2亿元，成为国内首家，也是唯一一家月销量突破2亿元大关的B2C电子商务公司；6月，京东商城单月销售额超过 3.7 亿元，日订单处理能力突破 20000 单，第二季度销售额达到 8.4 亿元，占据中国 B2C 电子商务市场 28.8% 的份额。10 月，京东商城呼叫中心由分布式管理升级为集中式管理，且由北京总部搬迁至江苏省宿迁市，升级后的京东商城全国呼叫中心在电话接听率、客户服务水平及业务流程管理方面得到了全面提升。

2010 年，京东商城全年销售额达 102 亿元，成为国内首家销售额过百亿元的网络零售企业。在这一年时间里，刘强东带领京东商城做了三件大事，第一件是成立坐落在成都的西南分公司，形成了以华北、华东、华南、西南四大物流中心为基础覆盖全国的销售网络；第二件是继续提升服务水平，包括"211 限时达""售后 100 分"及全国上门取件服务等；第三件是推出手机版京东商城，便于客户随时随地到京东商城购物。

2010 年 12 月 23 日，京东商城与近 200 家品牌厂商、供应商签署了总额超过 200 亿元的采购协议。

耐克 虚拟生产

所谓虚拟，就是指将自己不擅长、实力不够或没有优势的职能分化出去，外包给别人，通过和别人联盟达到借用外力、弥补自身劣势的目的。显然，在市场竞争日益激烈、每一个企业都难以在所有方面做到胜人一筹的今天，这种策略无疑具有强大的生命力。采用虚拟生产方式，实质上是对企业旧的生产组织模式的一次革命。"麻雀虽小，五脏俱全"，是我国众多企业的通病，各种职能机构大量重叠，造成了资源的大量浪费。

本例所介绍的虚拟化策略的组织设计思想，也许能为解决这个痼疾指出一个方向。因为既然生产职能能够"虚拟"，那么营销、设计乃至服务等职能又为什么不可以如此效仿呢？

在名牌如潮、竞争激烈的运动鞋市场，耐克（Nike）以其优良的质量、合理的价格和著名的品牌赢得了广大消费者的青睐。尤其是生活在现代都市里的年轻人，更是无一不对耐克推崇备至。耐克鞋名扬四海，家喻户晓，令青年人趋之若鹜，标志着耐克公司已经成长为世界级的鞋业公司。

就在20世纪70年代初期，耐克公司还仅仅是一家销售日本运动鞋的小进口商，年销售额一直徘徊在2000万～3000万美元，在公司林立、竞争激烈的美国，只是一个极不起眼的角色，而且这类公司的命运往往总是昙花一现，能够长期生存下来并成长为大公司的总是凤毛麟角。但是，正是这家毫不起眼的小公司，在其总裁菲尔·耐克的带领下，用短短的10年时间便一跃成为美国最大的鞋业公司，成为企业界一颗光芒四射的明星。

那么，耐克公司是如何从一家默默无闻的小公司一跃成为闻名世界的大公司的呢？究其原因，其采用的虚拟生产的组织模式功不可没。

耐克公司总裁菲尔·耐克是一个富有开拓进取精神的现代型商人。他全然不同于传统型因循守旧、安于现状的商人，最大的特点就是敢于幻想、勇于开拓和永不满足。正是这些意志品质构成了他孜孜不倦谋求公司发展的原动力。虽然在当时国际市场竞争异常激烈的情况下，能够在动荡不定的商界维持数千万美元的年销售额，对一家中小公司而言已经是很不容易了，然而，这点成绩显然无法满足菲尔·耐克的大胃口，他怎么也不能甘于仅仅是一个成功的小商人角色，不甘心久居人下、仰人鼻息，总幻想有朝一日耐克的脚

企业 *管理* 策略

步会遍及全球的每一个角落，他决心要和世界上著名的企业一较高低，建立起拥有自己品牌的运动鞋王国。

决心是下了，目标制定起来也并不困难。但是，如何才能实现这项目标呢？菲尔·耐克苦苦地思索着这个问题。终于，他找到了答案，就是必须突破现有的生产流程组织模式，走一条全新的经营之路。

首先，他将公司的所有人才、物力、财力等资源集中起来，然后全部投到产品设计和市场营销这两大部门当中，全力培植公司强大的产品设计和市场营销能力。菲尔·耐克经过分析认为，在运动鞋生产领域，最重要的职能，一是产品的设计和开发；二是商品的市场营销。在运动鞋生产经营的价值链条上，价值含量最高的环节也都集中在这两个部分。菲尔·耐克深深地懂得这个道理，他在一方面强调产品开发设计能力的同时，更加注重公司营销能力的培养。这样，耐克公司就形成了强大的设计和营销部门，以至于人们一提起耐克，就感觉到它是新产品的代名词。产品设计和品牌营销成了耐克的两件最有力的竞争武器。

既然菲尔·耐克将公司所有的资源都用在设计和营销上了，那么，其生产又是怎么办的呢？此时，菲尔·耐克采取了一种向外部借力的虚拟化策略，这也是耐克公司虚拟生产的实质所在。所谓虚拟生产，其实是一种形象化的称谓，它的实质就是向外部借力，通过整合外部资源，使其为我所用，从而拓展自身的疆域，利用外部的能力和优势来弥补自身的不足和劣势。具体来说，就是自己不投资建设生产场地，不装备生产线。在生产职能这一块，耐克公司的实力为零，它既没有生产加工车间，也没有雇佣任何生产第一线的工人，那么它的产品是怎样生产出来的呢？实际上，耐克公司的所有产品都不是自己生产制造的,而是全部外包给其他的生产厂家加工制造。耐克公司的这一妙招,不仅使其节约了大量的生产基建投资、设备购置费用以及人工费用,而且充分发挥了其他生产能力强的厂家的优势。尤其是它一般是将产品的生产加工任务外包给东南亚等地的许多发展中国家,这些地方的劳动力成本极其低廉,从而为耐克公司节约了大量的人工费用,这也是耐克运动鞋能以较低的价格与其他名牌产品竞争的一个主要原因。

虚拟生产组织形式显然是一种有效的组织模式,菲尔·耐克最终选择这种组织方式,也是经过了一番深思熟虑的。当时,运动鞋的生产加工已经日益成为一种成熟化、附加价值低的工作,运动鞋的价值主要被它的设计和品牌这两部分所占据,生产制造所占的比重相当低。耐克公司既然已经将大部分价值握在手中,对于其他小部分价值则没必要花太大的代价去获取。正是基于这样的思路,菲尔·耐克将产品的生产加工全部外包出去,实施虚拟化生产。耐克公司将设计图纸交由生产厂家,让它们负责严格按图纸式样进行生产,并保证相应的质量,之后耐克公司再将自己的品牌商标赋予这些产品,并将产品交给自己公司的营销人员,由他们通过公司的营销网络将产品销售出去。这种模式充分实现了优势互补,耐克公司在这种经营机制的运作下,经营业绩节节上升,知名度也越来越大,由此成长为一家闻名全球的大型体育用品公司。

随着耐克品牌知名度的扩大,其采用的虚拟生产组织模式也逐渐闻名遐迩,众多企业纷纷仿效,一时间,虚拟生产成为一种被众多企业采用的制胜法宝。而且,随着市场竞争的日趋激烈,这股汹涌澎湃的虚拟生产浪潮正在叩击着越来越多企业的大门。

企业**管理**策略

耐克大事记

耐克公司的前身是由现任总裁菲尔·耐克以及比尔·鲍尔曼教练投资的蓝带体育公司。

1978年，耐克国际公司正式成立，耐克鞋开始进入加拿大、澳大利亚、欧洲和南美等海外市场。

1979年，第一款运用耐克专利气垫技术的Thaiwind跑步鞋诞生。第一条耐克服装生产线开始上马。

1980年，耐克进入中国，在北京设立了第一个耐克生产联络代表处。之后，耐克秉承"local for local"（在哪里，为哪里）的观念，不仅将先进技术引入中国，而且全身心致力于本地人才、生产技术、销售观念的培养，取之本地，用之本地，在中国取得了飞速进展。

1996年，正式在中国成立了全资子公司——耐克（苏州）体育用品有限公司，总部设于上海，并在北京、广州设立分公司（香港耐克也于2002年1月作为分公司并入中国区）。

2002年5月，耐克开始在全国范围内举办"耐克蝎斗3∶3足球赛"，数百支青少年球队在广州、上海、北京三地分别角逐14岁、16岁、18岁三个级别的奖牌。这是耐克公司为中国青少年体育发展做出的又一盛举。

2002年7月，耐克特邀被冠以"放客博士"之称的NBA巨星文斯·卡特来北京，卡特此行的目的是为了支持中国青少年篮球事业，传播"放客文化"。

2002年8月，耐克将会赞助一批代表美国自由篮球文化的"街头炫技篮球少年"来中国，跟中国的同龄人切磋球技。

在中国，耐克公司不仅支持中国足球事业的发展，还关注青少年的发展，推出了"我梦想"大型青少年体育系列活动，首创中国

3∶3篮球赛、耐克高中男子篮球联赛、耐克青少年足球超级杯赛、4∶4青少年足球公开赛等活动。

索尼 固守的失败

二战之后的日本几乎是一片废墟，在此背景下，井深大（Ibuka Masaru）在东京一家百货公司的仓库成立了"东京通信研究所"，之后，另一位联合创始人盛田昭夫（Akio Morita）加入并担任高级总经理和代表董事，并于1946年正式成立了索尼的前身——"东京通信工业株式会社"。自此，两位传奇般的人物开始在消费电子领域驰骋。

索尼采用德州仪器（Texas Instruments）发明的晶体管技术，制造出了大受欢迎的晶体管收音机，进而推广到了全世界的每一个角落。在盛田昭夫的领导下，索尼不断追求技术进步，公司领导层更是花费了大量的时间，从创新的角度来思考如何应用这些技术进步来改善人们的生活。

在这种改革创新的氛围下，索尼的产品在越来越丰富的同时，也带给消费者新的感觉和享受。索尼早期的主要产品以及其带来的重大影响如表1所示。

表1　索尼早期主要产品及影响

产　品	影　响
固态晶体管收音机	超越电子管的质量，使高质量的晶体管收音机变得非常可靠和廉价
固态晶体管电视机	使电视机变得更加可靠、运转更好、能耗更少
单枪三束彩色电视显像管	取代了黑白电视机，大幅提高了色彩的显示质量

续表

产品	影 响
扩大了单枪三束彩色电视显像管的尺寸	制造出了更大的电视机,更加适合较大的住宅
录像带技术	尽管在录像带标准之争中败给了日本胜利公司(JVC),但不可否认,其最先缔造了这个市场
摄像机	首次使父母以及所有人变成家庭电影的制作者
独立移动娱乐设备	创造的随身听首次使人们可以通过盒式录音带记录他们自己的音乐
音乐光盘	创造了便于携带的随身听CD机
Playstation	打败劲敌任天堂和世嘉,并使"家用游戏"成为一个市场

曾经,据索尼管理层会议的消息,索尼公司的管理人员把85%的时间用于技术、产品和新应用/市场,把10%的时间用于人力资源问题,把5%的时间用于财务管理。由此可见,索尼的成功也就不言而喻了。恰如盛田昭夫所言,业绩或许是做好新产品研发和新市场开拓的结果,如果索尼做好了后者,那么业绩自然就会蒸蒸日上,引领整个行业发展。

作为消费电子市场的缔造者和领导者,曾经的索尼热衷于创造新市场,的确是当之无愧。

然而2013年1月底,索尼宣布将于3月正式停产MD,MD代表了索尼最顶尖的工业设计,音质也要比iPod好很多,它的停产意味着一个时代的结束。

很多人都在困惑,索尼这个盛极一时的电子王朝是如何一步一步走向迟暮的呢?

固有技术无法得到创新。在盛田昭夫的领导下,索尼利用独特的企业管理方法以及同行提供的产业知识,使索尼的产品比旧有技术更具竞争力。在这个阶段,索尼以产品为主,同时用产业时代的策略来降低成本。

但在盛田昭夫之后，索尼的其他领导者像美国塑造的 MBA 一样，被训练成了产业策略的践行者。按照他们的思想，产品和新市场是第二位的，第一位的则是产量和生产，不管产品或技术是什么。他们的基本信念是，如果索尼拥有足够多的产量和足够低的成本，那么索尼终会胜出，不需要任何创新。尤其是随着霍华德·斯金格的经营，新出台的公司策略把削减成本放在首位，其次才是产品，更无关创新、技术、产品或新市场。

也就是说，曾经盛田昭夫领导下的会议 85% 的时间用于创新和市场应用，而斯金格则把"现代的"MBA 方法带入索尼业务，最看重数据，尤其是财务预测。在 20 世纪 60 年代之后，索尼的领导层和管理层变成了 MBA 培训的模范。他们专注于狭窄的产品组合，努力提高产量，避开昂贵的新技术研发，希望利用其他人的技术来实现大规模制造，减少新产品的推出以延长产品寿命、模具成本摊销和运转周期，而且总是在寻找压缩成本的新方法，却忽视了技术的创新。

连续四年亏损，再加上根深蒂固的产业策略以及专注于数字而不是市场的 MBA 式领导层，我们没有理由认为索尼的销售或利润在短期内将有所起色。

紧接下来的局面就是 Walkman、MD 最终成为青葱岁月的记忆，而现在索尼的随身听输给 iPod，智能手机被三星远远地甩在身后，在移动互联网大举进军的年代，索尼，这个当年在人们心目中地位比起今日苹果还有过之而无不及的公司，却失去了往日的风采。

尽管我们知道没有常胜将军，但是我们也无法原谅那些因为自身的骄傲导致满盘皆输的将军。

正如戴尔案例中所提到的那样，一时的成功并不代表永远的成功，面对成功的光环和荣耀，最重要的莫过于冷静了。"不以物喜，不以己悲"，有些时候，貌似有些企业一直在做对的事情，可是由于方向设定错误，最终会输掉一场本该属于自己的胜利，因而时刻清楚自己的得失，面对现实拥有的成功及时转换一种思维模式，积极修正当时的处境，并在短时间内突破自我，才是最为重要的。

索尼产品研发历史回顾

1950年7月，发布日本第一台G型收音机。

1955年8月，发布世界第一台半导体收音机TR55。

1960年5月，发布世界第一台半导体电视TV8-301。

1965年8月，发布世界第一台家用录影机CV-2000。

1968年4月，发布革命性的特丽（Trinitron）电视影像技术。

1968年10月，发布世界第一台搭载特丽电视影像技术的彩色电视KV-1310。

1975年5月，发布世界第一台BETAMAX录影机。

1978年，发展革命性的CCD（charge-coupled device）感光元件技术。

1979年7月，发布革命性的Walkman世界第一台随身听产品TPS-L2。

1983年，联合荷兰飞利浦共同发布激光唱盘（CD），并主导74分钟标准。

1983年，制定3.5英寸软碟（1.44MB磁盘）。

1986年6月，发布32位元电脑MSX。

1988年，发布Hi-8摄影机。

1992年11月，推出MD（Mini Disc）音乐技术。

1994年12月，发布PlayStation次世代游戏机。

1996年12月，发布首款数码相机Cyber-Shot DSC–F1。

1997年7月，发布新世代电脑VAIO影音整合系统。

1997年7月，发布WEGA全平面电视。

1999年，推出AIBO机器狗技术。

1999年，发布Memory Stick记忆卡。

2000年3月，发布PlayStation2次世代游戏机。

2002年2月，发布新一代DVD光盘存储格式蓝光光盘标准。

2003年6月，推出QUALIA高阶品牌系列。

2003年12月，推出QRIO机器人技术。

2004年12月，发布采用UMD储存媒体的PlayStation Portable次世代掌上型游戏机。

2005年1月，联合IBM、东芝（Toshiba）共同发布时脉4GHz起跳的Cell微处理器。

2005年5月16日，美国E3游戏展发布搭载Cell处理器的PlayStation3次世代游戏机。

2005年7月19日，与柯尼卡美能达（Konica Minolta）合作，加入数码单反相机市场，以应对消费型数码相机的饱和。

2005年8月25日，联合IBM、东芝公开Cell微处理器详细制程。

2005年9月13日，开始陆续在全球发布BRAVIA新一代液晶电视。

2005年9月30日，联合闪迪（SanDisk）发布Memory Stick Micro（M2）记忆卡。

2006年2月21日，发布全球最小支援高画质1080i HDV–HC3。

2006年4月10日，再度与韩国三星电子合作，开办第八代S–LCD液晶面板厂。

2006年4月20日，全新发布数码单反相机品牌α（alpha）。

2006年11月，搭载Cell处理器与次世代Blu-ray蓝光技术的PlayStation3正式在日本、美国，以及中国的台湾、香港上市。

2006年11月2日，与韩国三星电子合作开办的第八代S-LCD液晶面板厂正式动工，预计在2007年秋季正式投入生产。

2006年11月11日，PlayStation3次世代游戏机正式在日本上市，10万台主机瞬间销售一空。

2006年，与瑞典爱立信宣布将扩大合作，除了持续原先的手机设计和制造业务，双方将联手开发行动与宽带电视应用的软件。

2006年1月19日，索尼和柯美两家公司就索尼收购柯美相机业务联合发布公告，收购协议正式决定将柯美数码单反相机相关的部分资产转移给索尼，同时柯美将相机和相关产品的顾客服务委托给索尼，协议从即日起生效。

2011年1月，发布采用四核、双摇杆、前后触摸屏的PlayStation VITA第二代掌上型游戏机。

2011年10月27日，索尼宣布以10.5亿欧元收购爱立信50%的股份，全资控股，宣布从2012年中开始停用"Sony Ericsson"品牌，今后手机统一打上"SONY"的标识。

策略三 关注内部协调

有些时候，企业的倒闭破产并非简单的竞争对手压迫或是外部环境所逼，而是企业内部的种种矛盾在日积月累中瞬间爆发。正如托尔斯泰所说："幸福的家庭是相似的，不幸的家庭则各有各的不幸。"企业的内部问题并不少，部门之间的掣肘和上下级之间的信任就是职业经理人最为头痛的焦点问题了，因为这两个问题不仅仅牵涉严谨的管理知识，更多的是研究人与人之间的问题，而人又是世间最为复杂的高等动物。

——笔者

预防内部组织冲突

理论透析

在部门之间掣肘的解决和上下级的诚信构建方面，福特、通用和松下采取了不同的方式：一个是利用公司内部的派系之争妄图渔翁之利，最后作茧自缚，限制了企业的发展；另一个则是用相互之间的诚信和"忠心"使得公司上下级之间信息沟通顺畅，从而促进了公司的发展。

为什么企业内部同级部门之间以及上下级之间存在各种冲突？这些冲突会对公司带来什么样的影响？公司该如何化解这些冲突？这些都是值得企业界和学界深入思考的问题。

企业内部冲突包括同级部门的冲突和上下级之间的冲突，冲突原因很多，对于同级部门的冲突原因，这里谈两点。

原因之一是各部门之间的利益不平衡。无论是国外企业还是国内的国有企业、民营企业，同级部门之间都不同程度地存在着各种极为错综复杂的矛盾或冲突。如本章案例中提到的福特公司中研发部门与财务部门之间发生的布里茨派和克鲁索派为向福特二世显示能力出现的"派系斗争"，正是这些冲突，导致了企业内部交易成本的上升和运营效率低下。原因之二是与企业的产权制度有关。张维迎认为："我国国有企业内部的权利斗争比西方股份公司的权利斗争要严重得多。"[1]国有企业的高级经理人员将大量的时间和精力用在权利斗争上，而不是将其用在如何提高公司的经营管理水平上。而且越是能力低下的经理，越是热衷于权利斗争，其斗争经验越高。那些能力水平高的国企经理本来不愿进行斗争，但也不得不为应对挑战而疲于应战。为什么国企内部权利斗争如此严重呢？这与国企产权安排有关。在国企中，经理们只能享受控制权收益，

---

[1] 张维迎：《产权、激励与公司治理》，经济科学出版社，2005。

却没有合法的货币收益，所以只有控制企业，才能获得个人的好处，而获得企业控制权又没有一个合法的交易市场。国有企业的政府主管拥有西方股东任命经理的权力，股东选择经理的标准是其能否给自己带来货币收益；而政府官员选择经理的标准是其是否和自己"亲近"，经理的能力及绩效则放在一边。现有经理捍卫自己权益的最有效方式是在政府官员面前诋毁别的竞争者。因此，国有企业争夺控制权的斗争比较严重就成为必然。

对于公司内部同级之间的斗争，建议如下四点：①作为领导要注意协调各部门的工作，平衡各部门的利益；②限制政府官员选择经理的自主权；③用自然人治理结构替代法人治理结构；④让内部人购买足够数量的股票。

对于公司内部上下级之间的冲突原因，这里谈两点：一是上级领导的不守诚信。上级领导不信守自己的承诺，导致下级"采取上有政策下有对策"的应付。所以，你会看到有很多企业的管理者很想让员工踏踏实实工作，而员工总是做表面文章，其原因就在于领导的不诚信。二是上下级的沟通不畅。领导不善于沟通或者沟通渠道不畅，导致上下级的误解或者无法理解上级的意图。解决对策，一是领导要信守承诺；二是领导要善于沟通。

福特 横向部门的掣肘

1. 亨利·福特时期

被誉为"给世界装上车轮子"的亨利·福特凭借"造人人都买得起的汽车"的梦想，使得福特汽车走过了创业时期的风风雨雨。

作为底特律的三大汽车生产商之一，福特留给后人的不只是一个神话。

（1）第一辆属于普通百姓的汽车——T 型车

1908 年 10 月 1 日，既简单又坚固耐用，而且价格适宜的 T 型车步入历史舞台，它的出现为"装在汽车轮上的美国"立下了不朽功勋，世界汽车工业革命就此开始，它在开启人们享受生活方式的同时，也完结了马车的时代，1908～1927 年 1500 万辆的产量缔造了一个前所未有的世界纪录（后被大众甲壳虫以累计 2000 万辆的纪录打破）。

（2）第一条流水生产线——科学管理的实践

1913 年，亨利·福特运用当时企业推广泰勒制的技术成果，创立了独特的"福特制"，彻底实现了泰勒制的"计划与执行分离"，也建成了世界上第一条流水生产线。福特不仅设计出完善的装配线和统一精确的通用零部件，而且创造出依靠非熟练工人在中心装配线上使用通用零件的大规模生产方式。

（3）第一次提出工作制改革——8 小时工作制

1914 年 1 月 12 日生效的"5 美元最低工资制"与"一天 8 小时工作制"，造就了美国的"中产阶级"和其典型的汽车与休闲生活方式。毕竟，当时 5 美元的最低日薪几乎两倍于正常的最低日薪，而且由 9 小时工作制的两班倒更改为 8 小时工作制的三班倒，在优化员工福利的同时，也提供了更多的就业机会。

曾经的福特运用自己的智慧和胆量开启了汽车工业革命，也演绎了汽车工业的辉煌，为福特二世的"统治"奠定了坚实基础。

然而，"打江山不易，守江山更难"，这些神话终究埋葬在了成功的海底，晚年的亨利·福特骄傲于自己的成绩，变得独裁自负。

一旦厌烦了建议和改革，麻烦也就接踵而至了，于是福特开始走下坡路，陷入了停滞，公司陷入亏损。通用汽车公司迅速赶超福特，1928年，福特公司无可奈何地让出了世界汽车销量第一的宝座。1929年，福特在美国汽车市场的占有率为31.3%。到1940年，竟跌至18.9%。

2. 福特二世时期

1947年4月3日，美国所有的汽车生产线停工一分钟，以纪念"汽车界的哥白尼"——亨利·福特离世。

继承家族事业的福特二世清醒地认识到：要挽救福特公司，就得招揽人才并进行彻底改革。经过一番努力，公司的面貌焕然一新，迅速扭亏为盈。

然而，正如碧玉无瑕是奢侈的想象，人无完人则是对伟人最大的讽刺。福特二世在果敢决断的同时，也有一个最大的弱点——猜忌。他清醒地认识到自己没有足够的能力驾驭福特这艘大船，除非有人保驾护航，于是任命具有专业知识的布里茨出任福特副总裁（有决策权，但福特可否决其决策），新官上任的布里茨想模仿通用推行一种分权的和部门半自决的政策。很显然，这些新政策的实施挑战了福特二世的权威，于是他又开始担心自己放权过多，导致大权旁落他手。很快，自认为很聪明的福特二世任命了克鲁索为福特部的负责人，想通过两人的相互制衡确保自己的绝对权力，却没有想到带来了不可收场的后果——布里茨派和克鲁索派之间的"派系斗争"。

俗话说："道不同不相为谋。"布里茨派认为，先进的财务和会计管理技术在汽车业十分有用，保持低成本是创造大量利润的秘诀，其核心理念是控制成本，尽力做到成本最小化。而克鲁索派的主体人群是一些老资格汽车制作人和技工，他们认为自己更懂哪些汽车性能较好，哪些汽车更能迎合顾客，其核心理念是生产好车和提高技术。很显然，这场竞争变成了拔河比赛，不是你死就是我亡，不可能产生双赢的局面。

妄想坐收渔翁之利的亨利·福特二世在财务控制方面给布里茨派以极大的权力，同时他把二战后福特汽车车型生产的运作控制权给了克鲁索派。貌似公平的权力下放带来了更大的矛盾冲突，一场没有硝烟的战争在逐渐拉开序幕。

为了与通用出产的更轻快、价格较高的车型竞争，克鲁索计划推出一种名为"雷鸟"的新车，却以"新款车不可能赢利"遭到布里茨派的强烈反对，并被扣押工具。

诸如此类的事件不止一次地在福特的舞台上上演，带来的经济损失也不断扩大，然而福特二世却没有看到冲突的严重性，他偏执地认为，把财务和运作权力下放给两个完全分离的、忠于各自目标的团队，在相互竞争中成长的同时，也可以巩固自己的权威地位。

很显然，这种因为分权不当引发的横向部门之间的掣肘演变为派系斗争的行为严重拖慢了福特前进的脚步，这种风气也为之后福特内部的管理埋下了隐患。

其实，任何企业的运营都不能紧紧依靠一个部门的努力，而是需要所有部门、所有人的精诚合作，正所谓人多力量大。短板效应不行，相互掣肘拆台、党同伐异就更不可取了。福特二世的聪明始于自己的用人之道，其愚蠢也始于自己的用人之道，就像一些领导者明知自身能力不足以控制较强的下属，就故意培养与之抗衡的强势下属，妄想"坐收渔翁之利"，却无形之中助长了下属的嚣张气焰，一方面在派系斗争中影响了组织利益，另一方面则在企业的内部管理中注入了黑暗的因素，真是赔了夫人又折兵。

企业 管理 策略

福特中国区 CEO 萧达伟说，有时候历史太悠久并不是什么好事，百年福特就像一个顽固不化的老头一样裹足不前，有派系斗争，也有业务偏离，一面是濒临死亡，一面却是僵死的团队。

然而，曾经力挽狂澜、拯救了波音公司的穆拉利，被空降到福特当家做主之后，尽管提出了"一个福特战略"，但是面对四分五裂、满目疮痍的福特，穆拉利又将如何收复失地、扭转颓势？福特的明天到底如何？我们拭目以待。

福特大事记

1896 年 6 月 4 日，亨利·福特将他的第一部汽车——一部手推车车架装在四个自行车车轮上的四轮车开上了底特律大街。

1903 年 6 月 16 日，亨利·福特和 11 个初始投资人签署了公司成立文件。这是亨利·福特开创汽车制造业务的第三次尝试。

1908 年 10 月 1 日，推出了 T 型车，1908~1927 年生产了 1500 多万辆，1927 年公司停止了 T 型车的生产。

1913 年 10 月 7 日，创立汽车装配流水线。在海兰园设立了第一条总装线，几乎使装配速度提高了 8 倍。最终使每工作日每隔 10 秒就有一台 T 型车驶下生产线。

1919 年 1 月 1 日，埃德塞尔·福特接替亨利·福特任公司总裁。

1922 年 2 月 4 日，收购了林肯（Lincoln）品牌。

1932 年 3 月 9 日，成为历史上第一家成功铸造出整体 V8 发动机缸体的公司。

1935 年，开创了水星（Mercury）品牌，填补了福特产品和高档林肯产品间的市场空缺。

1943 年 5 月 26 日，埃德塞尔·福特去世，年仅 49 岁。

1943 年 6 月 1 日，亨利·福特重新担任福特汽车公司总裁。

1945 年 9 月 21 日，亨利·福特二世任福特汽车公司总裁。

1948 年 1 月 16 日，生产了第一部 F 系列皮卡，这在汽车史上是最成功的汽车系列。

1954 年 10 月 22 日，推出 Thunderbird 车型，这是美国历史上迄今为止最成功的小型运动车。

1956 年 1 月 17 日，福特第一批普通股票出售。

1979 年 1 月 1 日，获得了马自达（Mazda）25% 的股权。

1987 年 12 月 30 日，获得了赫兹（Hertz）汽车租赁公司的股权。1994 年，赫兹公司成为福特全资子公司。

1989 年 12 月 1 日，收购捷豹汽车（Jaguar）。投入重金振兴这一英国名贵轿车品牌，终于使捷豹的年产销量突破 10 万辆。

1999 年 1 月 1 日，亨利·福特的曾孙比尔·福特成为福特汽车公司董事长。

1999 年 1 月 28 日，购买沃尔沃全球轿车业务。

2000 年 6 月 30 日，从宝马汽车集团正式购得路虎公司（Landrover）的所有权。

2001 年 4 月 25 日，长安福特汽车有限公司成立，双方各拥有 50% 的股份。长安福特投产的首辆轿车——福特嘉年华于 2003 年 1 月 18 日正式下线。

2006 年 9 月 5 日，艾伦·穆拉利加盟福特公司，任首席执行官及董事会董事。

2010 年 3 月 28 日晚 9 时，中国吉利汽车收购福特旗下沃尔沃（Volvo）。

2010年11月18日，福特对马自达持股比例从11%降至3.5%，使得福特丧失马自达最大股东身份。

通用 纵向信任的维护

提起通用电气，其前任董事长及首席执行官，即"世界第一CEO"杰克·韦尔奇是不得不提的传奇人物。1979年韦尔奇初掌通用时，通用电气的销售额为250亿美元，赢利15亿美元，市场价值在全美上市公司中仅排第十名，而到1999年，通用电气实现了1110亿美元的销售收入（世界第五）和107亿美元的赢利（全球第一），市值已位居世界第二。韦尔奇初掌通用时，通用旗下仅有照明、发动机和电力三个事业部在市场上保持领先地位。而如今已有12个事业部在其各自的市场上数一数二，如果单独排名，通用电气有9个事业部能入选美国《财富》500强。在韦尔奇执掌通用电气的19年中，公司一路快跑，并因此连续三年在美国《财富》杂志"全美最受推崇公司"评选中名列榜首。

通用电气公司，世界上最大的集技术、制造和服务业于一体的跨国公司，总部位于美国康涅狄格州费尔菲尔德市。追溯根源，其创始人便是著名发明家托马斯·爱迪生，通用电气实施多元化经营战略，从电器到航空，从医疗器械到工程塑料，从工业自动化到金融，横跨数十个行业。

前面提到，多元化经营的复杂性要远远高于专一化经营，因为不仅需要考虑不同产品的特性，而且要考虑供应链的实施、资金流和风险的控制。短短20年的时间，连续9年两位数的高增长，数倍的利润增益，领域的平稳扩张，韦尔奇那神话般的管理方法，估计是任何一位管理者都无法抗拒的。

记得管理学中有个著名的"煮青蛙"理论：如果将一只青蛙丢进滚烫的热水中，它会立即跳出来。但是，把青蛙放进冷水锅中逐渐加热，则青蛙不挣扎，直到死亡。任何一个成功的企业如果一味沉浸在胜利的光环里无法跳出，那么就会成为冷水中的青蛙，被逐渐暴露出来的危机彻底击败。

"要么改革，要么失败"，初掌通用的韦尔奇明确认识到，拥有暂时的成功并不能保证持久的利润，面对环境变化、激烈竞争和管理、绩效诸多方面的考验，变革是必要的。伟人之所以成为伟人，就是因为他们具有普通人不具有的品质。毫无疑问，韦尔奇是一个智者，他不像大多数管理者那样，只想到表象的营销变革，毕竟传统的科学管理回避了企业中人的情感问题，而人总是带着情感工作的，于是韦尔奇釜底抽薪般地选择从最基础、最重要的地方开始变革——文化变革。正如那个经典的比喻："如果你想让列车再快10公里，只需要加一加马力；如果你想使车速增加一倍，你就必须要更换铁轨了。若没有文化上的改变，通用就无法维持高增长。"

本书也提到了阿里巴巴和格力的企业文化，改变一个人的思想或许是不可能的，但是影响一个人的思想是可能的，这就是企业文化的作用。

坦白地说，很多人觉得企业文化很虚，仅仅是一种摆设，有种"留之无用，弃之不可"的感觉，当然这是大错特错的。笔者以为，"文化"，就是将文字性的东西吸收消化，融为一体。因而恰当的企业文化，自然能够唤起员工的共鸣，得到员工的支持和拥护。

众所周知,韦尔奇对通用乃至世界所做出的最大贡献就是塑造了最优秀的企业文化。韦尔奇认为,企业发展的根本是战略,战略的本质就是企业文化。通用内部永远推崇三个价值观,即坚持诚信、注重业绩、渴望变革,而坚持诚信是重中之重。

那么,通用内部的诚信是如何践行的,通用纵向信任的维护又是如何一步一步得到完善的呢?

1. 诚信理念的灌输

诚信是为人之本,也是企业立身之本。

通用内部从点点滴滴去营造"以人为本"。例如,让员工制定成长计划,让员工自我评估,管理者真正尊重员工,真诚地接受员工建议,使员工能真正地认识到个人职业生涯计划的实现,只有依托于组织的发展,员工才能参与组织的建设。

这种"以人为本"的组织文化,使员工个人目标与组织目标保持一致,使得员工和组织之间产生良性互动,有效地推进了企业的发展。

正如韦尔奇所说:"我的价值观本身都是极简单的,那就是人的尊严和发言权。"在通用,这种尊严包含了被重视、被关注、被在乎。正是这一切,在践行着通用的诚信,在完善着通用的企业文化。因为有了诚信理念的保障,人与人之间的沟通交流才有了最基本的信任,正是这种信任才促进了通用内部的沟通。

2. 顺畅沟通的实施

随心所欲地沟通,是企业前进的命脉。

韦尔奇认为,正是"顺畅地沟通",才能确保通用在竞争中不断进取,而企业成败基于企业能否构建一种有利于沟通的机制。沟通既包括企业内部的、上下级之间的沟通,企业各部门之间的沟通,又包括企业与客户之间的沟通、企业与供应商之间的沟通。

正像韦尔奇所说的那样，管理不需要太复杂，因为企业是相当简单的。经营一个成功企业的艺术是要确保所有主要的决策者获得同样精确的信息。在通用里，沟通已经成为一种态度与环境，它是所有过程中最具互动性的，目的就是为了创造信息的一致性。

不论是以员工座谈会形式展开的"群策群力"计划，还是通过卫星直播方式进行的员工大会，其宗旨都是为了给员工提供广阔的发展空间，给员工探索创造的机会，让他们承担更重要的责任，促进经理层和员工的零距离沟通交流。

在通用内部，有各种内部媒体，与网络一起构成了沟通的平台，及时发布公司最新信息与管理层动态。其最终目的是让通用的全球员工能够在第一时间及时了解领导人及高层的想法，了解公司的发展目标与政策调整的信息。

正是因为有了信任的基础，加上沟通的无障碍，通用内部才不会出现种种矛盾，试想一下，如果管理层能够充分理解员工，并兑现应该给予的承诺，员工岂会不卖力工作？如果员工充分信任管理层，忠诚于自己的公司，管理层岂会不重视员工的要求呢？

韦尔奇曾经公开表示，通用电气的真正工作就是培养领导人。在通用电气100多年的发展过程中，总裁、CEO都是从内部选拔出来的。继任人选也都是从公司最基层的工作做起，通过在工作中展现出超群的工作能力和领导才华，才一步步走到公司最高层。的确，如果没有管理层与员工之间的信任，如果没有零距离的沟通，这样的内部选拔估计会难上加难，甚至几乎找不到合适的继任人选。

还在认为企业文化很虚吗？还在认为企业文化仅仅只是一种摆

设吗？

通用的传奇在留给世人赞扬的同时，也给那些正在努力的企业家们指引了方向，与其苦心探究如何与别人竞争，不如选择一条捷径：抓住最简单的资本——员工的心。

企业希望有忠诚的员工，员工希望有可靠的企业，想要做到完美结合，只有一个完善的管理体系恐怕是远远不够的，更需要的是信任和沟通。

松下 员工的"忠心"何来？

松下只是日本几大公司之一，日本公司的跳槽率不像中国那么高，其原因有很多，其中就包括对员工"忠"的培养。

日本很早就接受了儒家思想，受其影响，重视"家""忠""仁"等概念。"家"是日本文化的基质。日本传统的整体结构是"家"的联合，其顶端是皇室。日本人很讲究"忠"和"孝"。日本人的"忠"与"孝"与中国人的理解不一致。日本人的基本假设前提是每个男女生来负有"恩情债"。有债就需要报恩，报恩的主要形式是"忠"。日本人的"企业精神""集体主义"，很大程度上是建立在"忠"的价值基础上。员工的"忠"并不是与生俱来的，而是企业有意识培养出来的。本部分以松下电器为例介绍其对上下级之间"忠"文化的培养。

1. 注重对员工进行企业文化灌输，增强员工的认同感

松下非常重视对员工进行精神价值观即松下精神的教育。例如，要求员工反复诵读和领会松下精神，每天上午 8 时，松下遍布日本的员工同时诵读松下七条精神，一起唱公司歌。松下还有一个全球有名的"入社"教育。进入松下的人都要经过严格的筛选，然后由人事部门掌握开始进行松下的"入社"教育。首先要郑重其事地诵读、背诵松下宗旨、松下精神，学习公司创办人松下幸之助的"语录"，学唱松下公司之歌，参加公司创业史"展览"。这样强调企业文化，在于让全体职工时刻牢记松下的目标和使命，时时鞭策自己，从而使松下精神持久发扬下去。

2. 重视团队合作，个人主义和集体主义关系处理较好

松下精神里强调团结一致。松下强调个性发展和个人能力提高，但必须以服从集体为前提。封建社会表现为对天皇的忠心不二，现代社会则更多地表现为服从企业利益。总之，群体精神和武士道精神的结合，使其企业的发展深受其益。其企业比较重视集体的力量，强调团队合作。

3. 强调社会责任

松下将其历史使命定位为通过事业活动提高全世界人民的生活水平，促进社会发展。同时，注重对生产者创业使命的理解，号召所有雇员必须大量生产丰富的产品来使人们摆脱贫困。此外，还认为企业是社会的公器。松下作为从社会调用人才、物品、金钱来经营事业的企业，通过其活动为社会做出贡献就是它的使命。

4. 培养人才、重用人才、以人为本

松下幸之助将"集中智慧的全员经营"作为公司的经营方针。所以，他注重培养人才、集思广益。按照松下的哲学，企业经营问题归根到底是人的问题，人如同宝石的原矿石一样，经过磨制，一定会成为发光的宝石，要从平凡人身上发掘不平凡的品质。松下幸之助常说："领导者应当给自己的部下以指导和教诲，这是每个领导不可推卸的职责和义务，也是在培养人才方面的重要工作之一。"

因此，松下不仅是"制造电器用品"的公司，而且是"造就人才的公司"。公司内部有完善的培训机制，公司关注员工个人利益，满足员工要求，推行弹性工作制，举行公司聚会等。

5. 信奉家族主义

日本的"家"文化与中国人明显不同，它注重的是财产"家"文化，而不是血缘"家"文化。因此，日本人家族主义更具有社会意义，推行家族主义的管理方法容易得到企业员工的认同；而员工在这个"家"中取得自己的地位不是靠血缘关系，而是靠忠心和能力。日本企业的凝聚力亦由此而来。松下强调友好合作精神、团结一致精神、礼貌谦让精神。公司实行终身雇佣制度，这样可以为公司提供一批经过二三十年锻炼的管理人员，是发扬公司传统的可靠力量。在家的氛围下，员工能有良好和睦的工作环境，能更好地沟通，对公司产生感情上的依赖，从而对公司忠心耿耿，发挥自己的最大潜能。

松下大事记

1918年，松下幸之助创办了松下电气器具制作所。

1923年，研制推出自行车用弹头型灯具，采用代理店制度，面向日本全国扩大销路。

1929年，将公司名称改为"松下电器制作所"。

1931年，开始生产收音机和干电池。

1935年，成立松下电器贸易株式会社，将公司改组为股份有限制。

20世纪50年代，陆续成立松下电子株式会社、九州松下电器株式会社、大阪电气精器株式会社、松下通信工业株式会社、美国松下电器公司等。

1962年，与东方电机株式会社进行合作。

1969年，成立松下寿电子工业株式会社。

1973年，松下幸之助就任顾问；高桥荒太郎就任会长。公司年销售额突破1兆日元。

1979年，成立松下电池工业株式会社。

1988年，合并松下电器产业株式会社和松下电器贸易株式会社。

1990年，收购美国MCA（The Music Corporation of America）公司。

1995年，松下电器产业株式会社和松下住设机器株式会社合并，转让出美国MCA公司80%的股份。

1996年，开始销售DVD播放器。

2008年11月7日，宣布与三洋合并。

策略四

明晰产权

20世纪八九十年代是很多中国企业进行产权改革的时期,特别是90年代中后期,随着一些国有企业在市场竞争中显现出"体力不支",政府开始尝试"国退民进"的政策,国有资本将从竞争性领域逐渐退出,经营者被允许以各种方式购买企业的资产。然而在这个特殊的时期,有些企业并不是那么幸运,伴随着产权无法清晰,那些不幸儿在此陨落,在现在看来,是多么让人唏嘘的事情。

——笔者

策略四　明晰产权

厘清产权制度

理论透析

科斯在1960年发表的《社会成本问题》中论述了产权的经济作用，指出产权的经济功能在于克服外在性，降低社会成本，从而在制度上保证资源配置的有效性。产权的界定可以降低交易成本，产权越清晰，节省的交易成本可能越多。产权清晰有利于提高资源配置的效率。健力宝和华晨的问题不是产品问题，而是产权界定不清问题。

不论是李经纬还是仰融，单纯从个人才能而言，他们不愧是一代枭雄，他们惊人的才能和智慧，以及对市场灵敏的嗅觉足以让我们叹服。我们十分希望他们的企业能像美的集团一样成功地进行产权制度变革，如果如此，健力宝和华晨将免受产权的纠葛，或许今天我们的民族品牌会增加两个耀眼的名字。

通过本部分案例，我们认为产权界定不清的根源在于政府角色转变不到位。在市场经济条件下，政府的主要职责在于如何做好相应的宏观调控，如何加大对企业的服务力度，为企业营造良好的外部环境，而不在于政府如何更深地控制企业，更合理地调配资源。该市场配置的，就让权于市场，该企业做的，就让企业做，这是政企关系重塑的基本要求。

可是，由于政府观念转变不及时，或者因为利益难以割舍，还有许多地方政府对企业经营活动进行各种工作的干扰，其突出的表现有：①股份制改造换汤不换药，通过控制国有控股权而控制股份公司的经营活动，拒不接受股份多元化的投资，或者不接受小股东的建议，贻误企业发展的良机。②集团公司侵占已改制的股份公司或上市公司的资金或其他财产，上市公司成为政府企业的取款机和输血器，导致股份公司经营困难，许多上市公司沦为ST、PT一族，地方政企关系不明，产权界定不清是主要原因。③地方政府管理越位，强行向股份公司派遣董事长或总经理，干扰企业的经营活动。

企业 管理 策略

> 以上列举的行为是市场经济条件下政企不分的政府行为典型，也是导致国有企业效率低下、亏损严重的重要原因。政府彻底改变这些现象，回归经济调控和提供服务的角色本位。否则，不但政府政绩无从谈起，企业也会被一步步拖向破产的深渊。

健力宝 "中国魔水"的消殒

1984年，广东三水县三水酒厂厂长李经纬创办了"健力宝"饮料品牌，1987年，这样的"中国魔水"声名大噪，健力宝的广告铺天盖地，使得无人不知、无人不晓，其价值的品牌传播效应更是难以评估的。在三水曾有一副对联这样写："三水流三水，盛产水稻水泥与魔水；龙人传龙人，迭出人类人萃侪强人"。这当中的"魔水"和"强人"，分别指的就是健力宝和李经纬了。在创业的前10年，李经纬是三水民众心目中的英雄、地方政府眼中的财神爷，国人也为有健力宝这一民族品牌而骄傲。

在巅峰时，健力宝在国内市场甚至可以睥睨"两乐"。1997年，健力宝产品销售额突破50亿元大关，在中国饮料行业协会公布的数据中，健力宝无论是产量、总产值、销售收入还是税利均排名第一，可谓红极一时。甚至，它斥巨资买下美国帝国大厦整整一层楼；国际小行星命名委员会把一颗小行星命名为"三水健力宝星"，这是全球第一个以企业名称命名的小行星。诸如此类的陈年旧事都在告诉人们，这个饮料帝国曾经多么庞大、何其辉煌。

1. 辉煌来得快，去得也快

健力宝名义上是三水的地方国有企业，而其实是李经纬独立做

策略四　明晰产权

大的事业,"没有李经纬,就没有健力宝"是板上钉钉的事实。可是在产权问题上,可把健力宝这一有可能长存发展的品牌推上了悬崖。

李经纬想把健力宝这个产业化为己有,他的这个计划可谓一厢情愿,因为这些举动在当地政府的眼中无疑是"叛离"。当怀疑像魔鬼一样横亘在合作伙伴之间的时候,任何理性或善意的判断都会被扭曲和误解。于是,之后健力宝的各种战略走向,政府都要过多地干预,对李经纬的决策一一否决。在将近6年的时间里,个性豪爽而耿直的李经纬始终没有放下架子主动与政府部门沟通以缓和关系,这也许在今天看来是他最大的失误。

接着,当地政府一直想把健力宝转让出去,偏偏不肯卖给一手将企业创建起来、为企业呕心沥血了一辈子还愿意出更高价格的李经纬,而是把健力宝草草地卖给了"华而不实"的张海。

张海"主政"时期,对健力宝进行了大刀阔斧的改革,其中最重要的就是对健力宝品牌采取的动作。他来了个大转弯,将健力宝暂时"休克"掉,主推第五季、爆果汽系列产品。在市场启动初期,他一口气推出了众多延伸产品,包括六大系列的30多个品种,产品类别更是横跨整个饮料市场,包括茶饮料、碳酸饮料、果汁、纯净水等。此外,更是将品牌"底色"由体育更换为娱乐、时尚,为第五季、爆果汽打上时尚的标签,迎合年轻消费者。

对于张海的做法,曾有品牌专家分析说,在产品导入期采用多产品、多型号的品牌战略,不仅分散了企业的资源,而且难以组织生产,增加了销售管理的难度,导致推广重点不明,容易形成巨大的库存,降低现金流转速度;而改变品牌"底色"则意味着要改变消费者的心智,前面的品牌投入就变成了沉没成本,而后面的品牌传播成本则意味着加大投入。"第五季"在2002年度成为饮料行业最大的笑料。健力宝运营成本远远高于李经纬时代，其品牌力的丧失和人心之涣散更是一个让人后怕的事实。

其后，健力宝经过了祝维沙、李志达和叶红汉的"改造"，效果只有让人叹息和遗憾，又让人觉得这是多么具有讽刺和戏剧性意味的案例。健力宝在几路诸侯轮番杀伐之后，仅有的几分元气也行将耗尽。

2. 从健力宝看到的

李经纬在2002年还得到了"涉嫌贪污犯罪"的照顾，其麾下四位副总裁三位被"双规"、一人"出逃"——产权未明晰情况下的中国企业特色便无比生动，与他们有着相似命运的又何止李经纬和他的团队。唯一的区别是，健力宝虽然已淡出国人视野，当年所开创的蓝海地盘在变小，但至今仍很特别，而在中国饮料业的浩瀚海洋中，我们也看到了越来越多的新贵族，健力宝还没有来得及分享盛宴就早早离场了。

在健力宝的兴衰中，政府的手过于强大以至于盖过了实业家的光芒，而渐进的国企改革在摸着石头过河，直到十多年后才发现了产权明晰的重要性，那些早有了断的和有着良好政商关系得以产权明晰的企业，不少已成"参天大树"。资本是经济的巨大推动力，但是健力宝的例子生动地展示了没有实业基础和职业经理人制度的中国企业在产权已经明晰的时候，企业是如此简单地滑向谷底，只有资本玩家们分享了这颗不算甜美的果实。

三水市政府的态度无疑是健力宝倒台被翻倒的第一张多米诺骨牌，而其推动力的形成又何止于一时，骨牌倒掉之后，李经纬成为这场游戏中的悲情人物，然而他注定是中国改革中的一个标志性人物，他的失败和健力宝的褪色令人遗憾和痛心，三水市政府也为后来地方处理国资上了生动一课——政府责任难以追究，但对这个地方投资环境的影响却不可能很快消退，当地民众也不大可能从低价卖掉的健力宝中获得更多利益，而国资的属性和发展趋势至今仍为人们所探究。这个城市如今已是佛山的一个区，网站上专门有一栏叫"三水名片"，不知道当年主政者能不能了解三水最好的名片就是健力宝——每罐外壳上都会刻上这个小城的名字，网站上的"财经人物"列了十几个人，李经纬意料之中地不在榜单之中。

健力宝大事记

1984年，广东三水县三水酒厂厂长李经纬获得一种新型运动型饮料配方，推出"健力宝"饮料品牌。健力宝成为中国奥委会代表团的首选饮料，被日本媒体誉为"中国魔水"。

1987年，广东健力宝有限公司成立。健力宝成为当年全运会的最大赞助商，声名大噪。

1991年，健力宝在美国成立分公司，在全美推广健力宝饮料，并动用巨资购进纽约帝国大厦的整整一层。

1994年，健力宝隆重庆祝创业10周年，产品销售超过18亿元，名列全国饮料酿酒行业的首位。

1997年，健力宝大厦落成，健力宝总部迁到广州，产品销售额突破了50亿元大关。4月，健力宝被国家工商行政管理总局评定为第一批"中国驰名商标"。8月，中国饮料协会发布行业数据，健力宝在产量、总产量、销售收入和税利四项上均排名第一。

1997年秋，健力宝在香港联合证券交易所上市的方案行将通过，三水市政府以"没有香港暂居证，因而不得购买H股原始股票"为理由，拒绝批准经营团队购买股票，李经纬一怒之下，放弃上市。

企业 *管理* 策略

　　1999年，李经纬提出在公司内部实行员工股份合作制方案，由管理层自筹资金4.5亿元买下政府所持有的股份，方案被政府否决。

　　2001年，健力宝经营业绩下跌到31亿元，上缴政府的利税也从1亿元降到2000万元左右。7月，三水市政府召开健力宝转制工作联席会议，九成与会官员主张卖掉健力宝，但绝不能卖给李经纬团队。

　　2002年1月15日，三水市政府向浙江国投转让健力宝75%的股份，28岁的张海出任集团董事长。5月，健力宝全新产品"第五季"正式推出。10月，广东省人大以涉嫌贪污犯罪为名罢免了李经纬的全国人大代表资格。11月，健力宝收购河南宝丰酒业。12月，组建"健力宝足球俱乐部"。

　　2003年3月，健力宝集团投入2亿元推出"爆果汽"等三大系列新产品。

　　2004年8月，因经营业绩不佳，张海被免去健力宝集团董事长兼总裁职务，祝维沙任总裁。10月，台湾统一集团出价1亿美元收购健力宝，受到经销商的阻击未果。11月，张海团队将股份转让给李志达，三水区政府以小股东身份强力干涉，转让流产。12月7日，三水区政府出面主导健力宝恢复生产，李经纬以"双规"戴罪之身，坐着轮椅出现在正在召开全体员工大会的健力宝集团大礼堂。

　　2005年3月，张海在广州被刑事拘留。

　　2007年2月，佛山市中级人民法院以职务侵占和挪用资金罪名判张海有期徒刑15年。

　　2007年，台湾统一集团入主健力宝。

华晨 中华汽车梦缘何未能实现？

说到华晨，我们不得不想起创办华晨的创始人——仰融。这个具有资本运作的天才，在1991年，把破旧的、人员涣散的沈阳金杯客车厂打造成红极一时的华晨帝国，现在我们不禁感叹，昔日的华晨集团日益从我们视线里淡出，是什么原因没有使华晨发挥它本来的极致？如果没有那一场产权的争议案件，华晨的发展潜力将不可估量。

1. 金融运作孕育了华晨

1991年，仰融全资拥有的华博财务公司（设立于香港，以下简称"华博"）与沈阳市政府拥有的金杯汽车控股有限公司（以下简称"金杯"）合资成立了沈阳金杯客车制造有限公司（以下简称"沈阳汽车"），合资企业设立之时，金杯拥有沈阳汽车60%的股权，华博拥有25%的股权，另一合作方海南华银国际信托投资公司（海南）拥有15%的股权，华博随后收购了海南的股份，使得沈阳汽车的股权结构变为金杯控股60%，华博控股40%。

为了通过进入美国资本市场从而扩大企业规模，合作方准备在纽约证交所上市。仰融作为沈阳汽车的首席执行官和经理，在百慕大成立了百慕大控股有限公司（华晨中国），作为沈阳汽车在纽约证交所上市的融资工具，并将其40%的股权转让给了华晨中国。金杯亦将其在沈阳汽车的11%的股权转让给华晨中国，至此，华晨中国拥有沈阳汽车51%的权益。作为转让11%股权的回报，金杯取得了华晨中国21.5%的股份，使仰融在华晨中国的股份减至剩余的78.43%。

企业 *管理* 策略

在向美国证券交易委员会（SEC）登记股票、筹备在美国的首次公开发行以及纽交所上市的过程中，中国政府通知仰融，上市公司的大股东应是一家中国实体而不是香港私人企业，仰融理解如果该上市公司的大股东由一家中国非政府组织担任即可满足中国政府的要求。1992年5月，华博、中国人民银行及另外几家中国政府机构成立了一家非政府组织——中国金融教育发展基金会（以下简称"基金会"），仰融任副主席。

1992年9月，华博将其在华晨中国的股份转让给了基金会。最终，仰融与基金会主席尚明同意"基金会将为华博托管股份，事实上作为华博的被指定人"，仰融全权管理、控制和支配基金会在华晨中国的股权。被转让的华晨中国的股份以基金会的名义持有。在这一安排下，加之2002年10月华晨中国出售了28.75%的股权。基金会拥有了华晨中国55.88%的股权，金杯拥有15.37%的股权。根据仰融的指示，华博支付了华晨中国股票登记和上市的费用，并为基金会支付了各项管理费用。他还负责华晨中国的主要股东——沈阳汽车的工作，安排为丰田和通用生产汽车。沈阳汽车的所有生产设施均在辽宁。

2000年12月，第一代"中华"轿车在沈阳下线，在隆重的下线仪式上，仰融兴奋地手举一幅"中华第一车"的书法向到场的嘉宾和记者展示了自己的汽车梦想。他宣称："到2006年，中国汽车业滩头阵地上唯一敢向外国企业叫板的是我华晨。"这一刻的仰融，俨然已成为中国汽车梦拯救者的形象。

华晨拥有8条汽车生产线、10多家汽车整车和部件工厂，在中国汽车行业形成了一个前所未有、"金融—实业"混业体系。10年来，凭借着资本运作，华晨成功打造出了一个以华晨汽车为主，包括至少四家纽约、香港、上海上市公司及大量非上市公司，资产一度达到300亿元，被人称为"华晨迷宫"的华晨系。

2. 成也萧何，败也萧何

仰融的这些做法缺乏想象力是难以读懂的，对一些学者而言，这些行为在他们眼里无异于"离经叛道"。汽车产业对金融家的反感似乎是一个传统。早在亨利·福特的自传中，这个汽车巨头就言之凿凿，认为绝对要让金融家靠边站，"他们没有提出为企业安置一个工程师，他们想要安插的是一名财务主管，这就是企业拥有银行家的危险。他们凭金钱考虑问题，他们将工厂当做生财而不是生产物品的地方，他们眼睛盯着的是钱，而不是企业的生产效率"。老福特固执地认为，"银行家由于所受到的专门训练及其自身地位的限制等原因，根本不适宜于指导工业生产"。对于这些论调，仰融当然是不以为然的。因为凭当时华晨的规模与发展前景，在仰融的规划中，华晨要成为中国最大的汽车公司是迟早的事情。当然，我们佩服仰融这天才般的才能。

2001年初，罗孚项目恰恰导致了仰融的梦想破灭，与地方政府关系彻底决裂使华晨跌向无底深渊。

3. 华晨产权纷扰多

2002年初，辽宁省政府成立了一个由省长助理领导的"工作小组"。2002年3月，工作小组宣布基金会名下的所有股权，包括仰融在华晨中国的权益，均为国有资产，要求他将这些股权转让给省政府。仰融拒绝之后，工作小组通知仰融和华晨中国董事会，基金会不再承认华博在华晨中国的受益权益。根据省政府的指示，华晨中国董事会解除了仰融总裁、首席执行官和董事的职务，将工作小组成员安排在这些职务和其他管理职务上。2002年10月，新组建的华晨中国董事会不再支付仰融工资，并于次月解除了其经理职务，终止了与他的劳动合同。省政府还成立了华晨汽车集团控股有限公司（新华晨），任命省政府官员为新公司的管理人员。大约两个月后，新华晨以市场价格的6%，即1800万美元收购了名义上由基金会为华博托管的华晨中国股份。新华晨与华晨中国董事会对剩余的华晨中国股份，包括在纽交所交易的股份进行了要约收购，导致2002年12月18～19日华晨中国股票在纽交所停牌。至此，仰融被辽宁省政府果断踢出局。纵然仰融此后提了很多次上诉，可是他的命运画上句号已是不争的事实。10月23日，新任华晨主席吴小安对记者说："仰融先生在本集团的管理、运作和业务的参与是微不足道的。"2002年10月，仰融因涉嫌经济犯罪被辽宁省检察院批准逮捕。

仰融和他的华晨就像所有曾经盛开过的"鲜花"一样，被产权纠葛的大风吹过仅剩凋零。世事变得面目全非，只留下仰融落寞的背影。

华晨大事记

1991年7月，仰融以原始股的价格买下4600万股沈阳金杯客车厂的股票。

1992年7月，金杯汽车A股在上海证券交易所上市。10月，以金杯客车为主要资产的华晨公司在纽约证券交易所上市，作为"社会主义国家第一股"，在华尔街引起很大的轰动。

从1995年起，仰融以大股东的身份接管金杯客车的管理权，开发出新型"海狮"牌小客车，击败长春一汽的"解放"牌面包车，成为轻型客车市场的第一汽车品牌。

1997年底，仰融开始筹划引进德国技术和设备，宣布打造一条年产10万辆轿车的生产线。

1999年3月，华晨控股上海的老牌上市公司——申华实业，并更名为"华晨集团"。10月，华晨中国在香港联合证券交易所成功上市。仰融宣称将在五年内斥资40亿元，打造中国人自己的轿车。

从2000年起，华晨先后与宝马、通用、三菱等5家国际知名汽车公司开展合作，实施"五朵金花"工程。

2001年前后，仰融打造出一个市值高达246亿元的"华晨系"，旗下有五家上市公司，各种关联公司158家，其中控股138家。

2001年夏天，仰融与英国罗孚汽车公司洽谈合资项目，决定将新工厂设在浙江省宁波市。在《福布斯》杂志公布的"中国富豪排行榜"上，位列第三。

2001年秋，辽宁省成立华晨资产接收小组。辽宁省政府与仰融就华晨的资产性质展开谈判。

2002年3月，谈判破裂。财政部企业司下发公函，将华晨及其派生的所有公司，一次性划转给辽宁省政府。

2002年5月，仰融赴美不归。6月，华晨汽车董事会解除了他的公司主席、总裁等职务。仰融将自己所持有的华晨中国股票在香港股票市场全部抛售套现。

2004年，华晨中国的利润从三年前的9亿元下降到4860万元，降幅之大令业界震惊。

到2005年底，华晨的高管在三年多时间里换了四拨人。

2006年1月，大连市副市长祁玉民出任华晨控股董事长，当时华晨亏损近4亿元，工厂生产几乎处于停滞状态，他试图重振华晨昔日雄风。

2007年3月，拥有自主研发技术的1.8T中华轿车上市。

企业 **管理** 策略

美的 清晰的才是美的

1. 在政府呵护中成长起来的地方企业

美的的前身是40多年前何享健联合北窖镇23名居民凑足5000元办起的。当时"北滘街办塑料生产组"隶属于顺德县北滘街道办事处，由何享健任组长。生产组组建初期，主要生产塑料瓶盖等小型塑料制品。当时的生产厂房由生产组手工搭建而成，生产场地约为20平方米。

"北滘街办塑料生产组"的生产条件非常艰苦，组员们生产时使用的是简陋的手动设备。1973年开始，生产组开始增加生产药用玻璃瓶（管）、皮球等产品，这些产品主要销往邻近地区。

进入80年代，美的由小小的生产组转变成一个集体所有制乡镇企业，并很快进入快速扩张和全面发展阶段。由于国家轻重工业比例调整及严重的短缺经济，美的在地方政策的鼓励和支持下，瞄准国内市场结构调整的机遇，大幅度上项目、上规模，这一时期，地方政府对美的发展的主导和支持可谓无微不至。

1979年，在美的的塑料小作坊奄奄一息时，地方政府果断地将时任北窖镇工业发展办公室主任的何享健（现任美的集团公司CEO）调回美的主持工作，并且保持长期不变，同时向美的充实技术人才，为美的从广州聘请"星期日工程师"等，确保了企业发展的人力资源。何享健改变经营思路，加强技术攻关，开发新产品，并狠抓产品质量，使产品的销售好转，出现了供不应求的局面。工厂的经营状况完全改观，设备不断增加，生产规模也不断扩大，厂房面积扩大至1000平方米左右,生产工人增至180人。企业成功渡过了艰难,步入了新的发展时期。

1980年,原"顺德县北滘公社汽车配件厂"更名为"顺德县北滘公社电器厂"。此后,开始为当时非常有影响的大型国有企业——广州第二电器厂(远东风扇厂)生产风扇零配件。借此契机,美的逐步开始向家电业转移。

20世纪80年代初,美的刚上马风扇项目时,为把产品质量搞上去,政府出面担保向银行贷款100万元引进国外先进设备,攻克了技术难关,使企业的生产规模也得到了发展壮大。1985年,又是在镇政府和市政府的信贷支持下,美的投入大量资金,引进国外先进设备,培训专业技术人才,使美的开发出中国第一台塑料风扇,风扇年生产规模达到了350万台,并瞄准国外市场开始批量出口。

由于政府在市场准入方面提供了便利,美的早在80年代就取得了自营进出口权,走上了外向型企业的发展道路,较好地避免了80年代末90年代初国内风扇市场血雨腥风的恶性竞争,这为美的的发展打下了良好基础。

正是由于政府的呵护和支持,到20世纪90年代初,美的形成了生产空调、风扇、电暖器等多元化经营和现代化管理的大型乡镇企业,迅速从乡镇企业中脱颖而出,成为中国的名牌企业之一。

2. 来自市场竞争的挑战:市场呼唤新型的政企关系

1992年后,随着各行业商品经济的发展和市场竞争的加剧,粗放式经济增长已经走到了尽头,各种商品开始全面进入供过于求的竞争时代。社会主义市场经济初具规模,市场经济的本质特征要求以市场为中心来组织整个社会经济,以市场机制为基础来配置社会资源。市场经济的自主性、平等性、竞争性、开放性的特征，要求企业成为"自主经营，自负盈亏，自我发展，自我约束"的独立经济主体，这同计划经济时期政府主导企业发展的政企关系格格不入。计划经济体制时代，国家代表全体人民管理国有资产，直接参与企业的经营管理，这种政企不分的管理体制明显成为经济发展的阻碍。

（1）产权关系不明晰导致的所有者约束弱化

在国有企业的委托代理关系中，资产的所有者是国家，作为政府部门的委托方不是资产的真正所有者，而是国家资产的授权管理者，这使得委托代理关系最重要的一环——委托方对受托方的约束随之弱化。无论哪一级政府的经济管理部门，都是"以少对多"地管理众多的企业，各管理部门之间又各司其职，条块分割。没有足够的信息支持，没有为资产保值增值的直接压力，没有统一高效的决策机制，使政府对企业的管理游离于市场经济的真正要求之外。而市场经济活动中的企业面临复杂多变的市场竞争环境，所有者的缺位导致作为代理方的企业难以保障所有者收益的实现，国有企业的效益年年走低。

（2）政府双重身份的不对称

政府参与企业的经营活动，使政府具有了双重身份。一方面，政府是国有资产的所有者，要求所管理的企业实现相应的利润目标，而企业是国有资产的经营者；另一方面，政府又是经济活动的管理者，肩负着促进经济稳定增长的一系列任务。政府在经济活动中的双重身份，造成了国有企业的双重身份。企业不但要完成利润目标，而且必须完成政府交付的其他政策目标，这种双重身份相互影响，相互矛盾，造成国企对政府的依赖，也削弱了企业的市场竞争力。各级地方政府参与经济管理活动的双重身份造成国有企业同其他所有者企业之间的矛盾、各地方经济同其他地区经济发展的矛盾，这些矛盾在政企不分的条件下，政府和企业都难以解决而又必须面对。这同市场经济要求的市场开放性、竞争性、市场主体的自主性是从根本上不相适应的。

（3）经理层权利与责任的不对称

在计划经济体制下，企业的生产经营大权掌握在政府部门手中，生产什么、生产多少由政府部门下达计划，经理对企业的控制是较弱的。进入市场经济时期，由于企业经营活动客观上全部由企业决策，经理层对企业内部的控制大大加强，出现了所谓的"内部人控制"现象。在现实生活中，我们常常发现，一个好经理能救活一个企业，而一个不称职的经理或腐败的经理能毁了一个企业。在国有企业中，经理层是一个比较特殊的阶层，国有企业的经营好坏，同企业的经理层密切相关，但经理层拥有的权利同他应承担的责任和实际所得的利益是极不一致的。因为国企经理实际上是受政府委托的"生产经营的代理人"，他们并不真正拥有企业的产权，他们的升迁、调动由上级部门决定，企业的经营好坏同经理的收入没有直接的利害关系。这种责、权、利的不对称使得企业难以对经理层进行有效的约束和激励，导致企业追求短期利益，严重的，可能会导致国有资产大量流失，形成"富了方丈穷了庙"的局面。

正是由于政企不分使得国有企业在市场竞争中面临种种矛盾和困难，使国有企业的活力竞争力无法适应市场竞争的要求而效率低下，亏损累累。从20世纪90年代初开始，以股份制改造和建立现代企业制度为中心的国有企业深化改革开始在中国全面推行，政府同企业的关系也开始重塑。

3. 顺德的政企关系重塑：股份制改造促成美的飞速发展

通过政府主导而奠定基础的美的集团在90年代初遇到了发展瓶颈，是政企关系的重塑使美的重新乘上了高速发展的列车。

1992年，在地方政府的引导和支持下，美的又一次抓住了企业改制的机会。1992年5月，美的进行股份制改造，1993年11月，美的在深圳证券交易所上市，成为中国第一家乡镇企业上市公司。通过股份制改造，美的引入了多家法人、自然人为投资主体，企业形成了清晰的产权结构，公司管理层和职工拥有了自己企业的股份，使企业做到了贴心经营。股份制改造后，镇政府只是作为公司第一大股东派出董事、监事监督企业的经营活动，完全退出了企业的日常经营管理。

股份制改造使美的真正成为独立的市场经济主体，美的抓住上市公司的机遇，通过科学管理，高效决策，稳健投资，不断创新，从1993年年销售额4亿元发展成2001年年销售额143亿元的特大型企业，美的品牌价值超过100亿元，在2000年的中国家电企业综合排名中列第二，在广东工业企业50强中名列第七，在2001年的"中证—亚商上市公司排名50强"中位列第22名。

2000年4月，又是在当地政府的积极支持和配合下，美的着手进行了管理层收购（MBO）。代表当地地方政府的美的控股逐步将股权转让到代表美的管理层的美托投资手中。股权转让完成后，美托投资正式成为粤美的第一大股东，而美的控股退居第三大股东。这标志着政府进一步淡出企业的经营管理，政府的定位已经非常明确，即逐步退出制造业，逐步从投资主体退出，做市场竞争的裁判而不是运动员。

这些产权变革是政企关系重塑得更彻底、更完善的改革，它将有助于强势企业和高效政府的良性发展。

4. 顺德地方政府的工作

在1992年开始产权改革后重塑的地方政府，对企业发展做了哪些工作呢？主要有如下几点：①配合产权改革而建立相应精干、高效、廉洁、规范的行政管理体制，提高政府运作效率；②建立法制健全的社会环境，保障社会稳定和安宁，建造良好的工作生活环境；③大力投资公路、码头、城市基础设施建设；④建立完善的社会保障体制，减轻企业的包袱，使企业轻装上阵；⑤大办会展业，积极宣传顺德的制造优势，努力推广顺德"家电王国""家具王国"的区域经济形象，为企业的发展营造良好的外部环境。

这些政府活动的开展，为企业的发展提供了良好的外部环境，使顺德经济的发展保持了高速增长的势头，顺德政府对地方经济的促进已经不容置疑。

5. 美的集团成功产权制度变迁的启示

高效政府与强势企业不是零和游戏，通过政企关系的股份制改造和建立有效的委托代理机制，可以谋求高效政府与强势企业的共赢。高效政府与强势企业的并举是地方政府与企业关系改革的基本目标。美的从一家塑料小作坊发展成今日销售收入超150亿元的综合性大企业，顺德政府适时成功的政企关系调整在其中起了非常关键的作用。美的也成为因政企关系改革而发展的典型，代表了中国政企关系改革的方向。从政企关系的角度来分析，顺德模式的产权改革已经完成了它的历史使命，达到了一种新的高度，成为内陆各省份政企关系调整和产权改革的方向。

美的集团大事记

1968年，在现任美的企业集团首席执行官何享健的带领下，23位北滘街道居民每人集资50元，另通过其他各种途径共筹得资金

企业 管理 策略

将近5000元，于5月2日正式创办了"北滘街办塑料生产组"，以"生产自救"的形式开始了最初的创业。

1975年12月6日，经顺德县工商行政管理局批准，原"北滘街办塑料生产组"更名为"顺德县北滘公社塑料金属制品厂"，同时转为公社企业。

1976年5月4日，经顺德县工商行政管理局批准，原"北滘公社塑料金属制品厂"更名为"顺德县北滘公社汽车配件厂"。

1977年，何享健由于经营有方和出色的管理才能，被组织提拔为北滘公社工交办副主任，厂长一职暂由他人接任。

从1978年8月起，工厂开始生产小型柴油发电机的配套产品电球，但由于经营管理及产品销路不理想，工厂几乎处于停产状态，经营形势十分严峻。

1979年，在上级部门的指派下，何享健被调回厂，重新担任厂长，此后再未离开，并一直担任企业最高领导。

1980年11月，生产出第一台40厘米金属台扇，当时取名为"明珠"牌。这标志着美的从此真正涉足家电制造业。1980年工厂实现产值64.1万元，利润6.49万元。

1981年8月30日，"美的"牌商标正式注册，"美的"从此诞生，并不断发展壮大，成为中国最著名的品牌之一。

1984年6月1日，成立了"顺德县美的家用电器公司"，主营业务仍以风扇为主。1985年5月17日，美的组成考察团到日本学习。

1981~1985年，是美的第一个高速发展的黄金时期，风扇总产值以年均2.6倍速度增长，到1985年实现产值3748.4万元，利润244.6万元。

1986年，美的转页扇开始出口香港，在海外市场获得突破。

1989年9月，美的家用电器公司与香港兴伟制冷厂、香港西达有限公司合资成立"顺德美威空调设备厂"。

1988年，美的取得国家机电产品出口基地资格，获得自营进出口权。同年6月，美的风扇厂荣获"国家二级企业"称号。

1990年6月，美的投资兴建了占地面积28万平方米、建筑面积30万平方米的美的工业城（现总部所在地），首期工程即为年产20万台的空调生产基地，引进了大量的国外先进设备，工程于1992年11月竣工投产。

1992年，美的积极推进企业转制。3月成立了广东美的电器企业集团，5月被广东省政府确定为全省首批八个内部股份制改革企业试点单位之一。6月完成了1.2亿元的募股工作，随后又完成了企业治理结构、财务及管理制度等改造，逐步建立起现代企业制度。

1992年8月7日，广东美的集团股份有限公司筹委会召开股份公司创立大会，广东美的集团股份有限公司成立。670多名股东以无记名投票方式选举出何享健等7名董事和2名监事，并通过《公司创立报告》和《公司章程》。

1992年11月，占地12万平方米、总投资2.5亿元、建筑面积超过10万平方米的美的工业城一期（空调）工程竣工投产，美的成为国内设备和技术最先进、生产规模最大的空调制造基地之一，并由此进入第二个高速增长期。投资2.7亿元的二期扩建工程同时进行，于1993年竣工。

1993年11月12日，美的股票在深圳证券交易所挂牌上市。美的成为中国第一家经中国证监会批准的、由乡镇企业改造的上市公司。通过上市融资，美的迅速把"蛋糕"做大，主营业务收入由1992年的4.87亿元飞速增长至1996年的25亿元，成为国内最大的家电生产基地之一。

1995年开始，美的以"二次创业"为主题，启动"三大命运工程"，即观念更新工程、素质提高工程、运作模式转换工程，在此指引下，美的在内部进行变革，外部谋求国内重点区域的扩张，进行"企业再造"，构建全新的战略格局。

1996年，美的实施MRP-Ⅱ、办公自动化系统，通过运用现代化技术手段，提升管理能力，为企业的高效运作提供了条件。

1997年，美的全面推行事业部制改造，以产品为中心划分事业部。

1998年，美的收购了经营困难的东芝万家乐制冷设备有限公司和东芝万家乐电机有限公司各40%的股份（广东万家乐集团所有），注入管理使企业当年赢利，随后又受让了日本东芝各20%的股份，成功进入空调压缩机行业，构建了一条向纵深方向发展的空调产业链条。

1999年，美的在产品上进行了大规模的多元扩张，先后上马了商用空调（MDV）、微波炉、饮水机、IH电饭煲、洗碗机、洗衣机电机等新产品项目，成功地扩充了产品线，并按照"要做就做前三名"的理念，迅速成长，走向更加广阔的市场。

2000年，占地28万平方米的芜湖美的工业园竣工，随后有物流、电机、控制器、厨具等企业陆续在工业园安家落户。

2000年4月，美的集团技术中心获得国家级认定，同时，博士科研工作站经有关部门批准在美的设立，同时引进了两位博士进站研究。

2000年3月，美的在当时的互联网热潮中，宣布陆续投资10亿元进军互联网，并专门成立了信息产业事业部。

2000年，美的销售收入达到105亿元，成为顺德最大的企业，跨入了百亿元大企业的行列。

在2002年广东工业50强评选中，美的位居第六；美的品牌价值由1997年的26.54亿元增长到2002年的117.02亿元。

策略五 创造企业之魂

企业文化对外是一面旗帜，对内是一种向心力，是企业的灵魂和持久动力。企业文化包括精神文化、制度文化和物质文化。其中，精神文化又称企业理念，是企业文化的精髓，处于核心地位。企业文化是企业的灵魂，代表了企业自身的发展观和事业观，没有灵魂的企业只是一个空壳，迟早要烟消云散。

——笔者

企业文化也是生产力

理论透析

从三鹿、华为、阿里巴巴、海尔和格力的案例中我们可以清晰地看到，一个企业的文化对企业的兴衰起着至关重要的作用。它形成一个企业的无形资产，更是一个企业的灵魂，这种精神血液和价值观贯彻于整个公司的运营，浸入每个执行者的思想，从而形成特定的行为规范。

20 世纪 70 年代，美国在同日本企业的竞争中连连败北，面对严峻的形势和挑战，美国的企业管理学者开始着手对美、日两国的典型企业进行对比分析，结果发现日本独特的企业文化才是真正促进日本企业发展的奥秘。日本企业把西方理性和东方灵性融为一体，如年功序列、职业终身制等，这使企业形成强大的凝聚力。我们可以从丰田的全球市场、小家电的无孔不入等看出一个企业的文化在国际竞争中所占的重要位置。

一个企业的文化固然重要，但是自始至终都在贯彻落实才是关键。三鹿的惨淡收场就给我们敲响了警钟，它与当初企业文化的倡导背道而驰，最终自食其果。而像海尔、阿里巴巴、华为等优秀企业那样，重视企业文化的建设并严格遵守，我们才能看到这些企业至今还在商潮中乘风破浪，经受着历史的考验。

卓越的企业均以企业文化（价值观）制胜。企业发展的灵魂是企业文化，文化已逐渐成为推动生产力发展的强劲动力。

记得在历史上有个西夏王朝，少数民族党项族是其主体民族，而如今，由于关于西夏的汉文史料极度匮乏，后世研究西夏史的专家们深感困难。原因是当时实行这样一种制度：文字不许用、音乐不许演奏、服饰不许穿、民族礼节统统禁止、寺庙宝塔全部铲除、砸掉每一块带有民族文化符号的瓦片。

党项族的消亡让我们知道：要毁灭一个民族，只需要毁灭它的文化！以文兴企、以文兴国是我们义不容辞的责任，要充分发挥企业文化的导向、凝聚、激励、约束、融合和美化的作用。

企业**管理**策略

三鹿 灵魂的背叛者

"贪婪的人性+先进的商业模式+落后的企业文化=利己损人",这导致了三鹿的失败。

石家庄三鹿集团股份有限公司是集奶牛饲养、乳品加工、科研开发于一体的大型企业集团,是中国食品工业百强、中国企业500强、农业产业化国家重点龙头企业,也是省、市重点支持的企业集团。

三鹿先后荣获全国五一劳动奖章和全国先进基层党组织、全国轻工业十佳企业、全国质量管理先进企业、科技创新型星火龙头企业、中国食品工业优秀企业等省以上荣誉称号200余项。

这些各种先进的称谓在"三鹿奶粉"事件后,显得格外讽刺。谁都没有想到,如此被国家、政府和人民津津乐道的优秀企业会出现质量问题,而且针对的是婴儿的健康,我们不得不对三鹿企业管理人和领导人的社会责任和伦理道德、诚信等打上大大的问号。

"三鹿奶粉"事件造成群发性的婴幼儿泌尿系统结石,触发了奶制品的行业危机,同时,也引起了全世界的广泛关注。国家质检总局在敏感时刻,毅然决然地公布包括伊利、蒙牛、雅士利等行业支柱在内的22家涉事企业名单。一时间,反思"三鹿覆灭"、构建企业文化的议题争论愈演愈烈。

三鹿的覆灭是令人遗憾的,其董事长田文华晚节不保更让人惋惜。如果三鹿的管理者们在接到客户投诉的第一时间就认真对待,在查明真相后勇敢地召回不合格产品,就不会有那么多的"结石宝宝"，三鹿也不会走向破产。

"三鹿奶粉"事件的发生有其不利的外部因素。比如，不法奶贩子贪婪，在原奶里掺入三聚氰胺；来自竞争对手的威胁，为扩张争夺奶源；政府监管不力，名优产品实行免检。这些原因虽然在客观上影响了三鹿，但并不是三鹿失败的主要原因。三鹿是败在自己手里的——企业文化价值观的缺失。

1. 三鹿要为诚信埋单

从表面上看，三鹿倡导的价值观是"诚信、和谐、创新、责任"，其中特别强调"诚是立身之本，信是立业之本，诚信是三鹿的基本准则，也是三鹿人的基本信念和处世态度"。但从现实情况来看，"三鹿奶粉"事件恰恰背离了这些价值观，暴露出的却是一种潜规则，虽然有诚信的承诺文本，但是没有诚信的行为。其实，如何面对自己提出的价值观，实践行为本身就是一个诚信问题，更是每一个企业家必须应对的文化问题。

这时，让人想起了百年老字号同仁堂，300多年之所以不倒，就是因为它有"炮制虽繁必不敢省人工，品味虽贵必不敢减物力"的古训和"修合无人见，存心有天知"的信条。海尔之所以能进入世界百个著名品牌行列，关键是持之以恒地坚持"真诚到永远"的价值观。成功的企业不光要把企业文化价值观提出来，更重要的是把它落到实处，即使蒙受损失也不放弃。岁寒方知松柏高洁，企业文化的核心理念要时刻坚守，尤其是在不利条件下还能始终如一，这才是真正的文化。

温家宝总理在谈及"三鹿奶粉"事件时说过这样一句耐人寻味的话：企业家身上应该流淌着道德的血液，而不能只流淌着利润的血液。诚信应是每个企业家和管理者的最基本工作态度和职业操守。"君子爱财，取之有道"，诚信既是经济资源，又是道德资源，更是内在的心灵约束。通用电气（GE）原CEO杰克·韦尔奇说："我们没有警察，没有监狱。我们必须依靠员工的诚信，这是我们的第一道防线。"

可以这么说，市场经济是心灵契约的道德经济，只有依托内心诚信的人来进行一切生产经营活动，把"进德修业"作为企业发展的根本，才能降低企业成员相互交往的交易费用，并由此获得道德的从众效应，进而形成一种良好的企业道德文化，这样才能从根本上提升效率，获得持续发展的动力。

2. 管理何其贵，文化价更高

一个企业的发展要靠很多方面来支撑，各个管理模块就好比一个人的各个器官，而企业文化就好比运行这些器官的血液。倘若血液拥有良好的、合乎道德的DNA，那么在这种血液的作用下，各个器官就会持续地发展和运作；相反，若血液中掺入了"黑"血液，那么即使再好的器官，也会被腐蚀掉，最终整个企业机能也会崩溃和瘫痪。

可见，企业文化的作用是不容忽视的，它是企业发展的持续原动力。

三鹿大事记

奶业合作社起家，奠定发展基础

1956年，"幸福乳业生产合作社"成立。

1960年，合作社有了奶牛场、奶羊场，后几经更名，成为石家庄市最大的奶牛养殖场。

1973年，通过技术攻关，成功研制了完整的喷粉生产线，使奶粉生产量翻了一番，同时奶粉质量显著提高，企业获得更大的发展。同年，奶牛场更名为"石家庄牛奶厂"。

走产业化经营之路,实现第一次飞跃

1980年,试制生产的强化麦乳精、颗粒麦乳精产品畅销全国20多个省份,"三鹿"成为全国关注的品牌。

1983年,率先研制、生产母乳化奶粉(婴儿配方奶粉)。

1980~1985年,是企业全面发展的六年。初步形成了从奶牛饲养到乳制品加工综合性一条龙生产。

1984年,牛奶厂经批准更名为"石家庄市乳业公司"。

1986年,为解决制约企业发展的奶源问题,以石家庄市乳业公司为龙头的横向经济联合组织"石家庄冀中乳业联合总公司"成立,并逐步迈出了"奶牛下乡,牛奶进城"的第一步。三鹿开创的"奶牛+农户"的饲养管理模式成为中国乳业的一场革命,也使三鹿的发展实现了第一次飞跃。

实施资本运营,实现第二次飞跃

1993年,率先实施品牌运营及集团化战略运作,在全国多个省份进行低成本扩张,迅速崛起。

1995年,三鹿在同行业率先组建了企业集团,同年4月,三鹿在中央电视台一套黄金时段播放广告,开创了中国乳品企业在中央电视台投放广告的先河。

1996年,成立三鹿集团,田文华担任董事长。

1999年,第一个专职生产液体奶的石家庄三鹿乳品有限公司成立,标志着三鹿开始正式进军国内液体奶市场。

2002年,河南三鹿花花牛乳业有限公司成立,在北京、天津、河北、江苏、山东、河南、广东、安徽等省市共有企业30余家,成为我国乳品企业中干乳制品、谷物食品、液体乳、酸牛乳、乳饮料五大类产品齐全、子品种多、子系列多,并能大规模生产的龙头企业。

企业*管理*策略

在强强联合中实现进一步提升

2006年，三鹿集团引进全球最大乳制品原料出口商新西兰恒天然集团，这标志着三鹿向着"瞄准国际领先水平、跻身世界先进行列"的目标迈出了关键性的一步。位居国际知名杂志《福布斯》评选的"中国顶尖企业百强"乳品行业第一位。经中国品牌资产评价中心评定，三鹿品牌价值达149.07亿元。

2007年，三鹿被商务部评为最具市场竞争力品牌。三鹿商标被认定为"中国驰名商标"，产品畅销全国31个省份。

2008年初，三鹿集团开始陆续接到消费者投诉，反映其生产的乳制品中含有对人体有害的物质。

2008年9月中旬，全国开始大量出现因食用三鹿生产的乳制品而身体不适的消费者。三鹿这时才发现社会舆论对公司施加的压力越来越大，在强大的市场冲击下，终因资不抵债而破产。

2008年12月24日，石家庄市中级人民法院正式对三鹿发出破产裁定书，宣布其破产。现三鹿已被三元收购。

华为"狼性"文化

华为集团已成功地完成了第一次创业，在中国的通信领域中确定了自己的优势。如此快的发展速度，华为靠的是什么？笔者认为靠的是极具凝聚力的企业文化、高效的组织、富有特色的人力资源管理、强大的销售能力以及民营企业灵活的机制。

华为的成功模式可以归纳如下：①独特的企业文化；②明确的产权关系和灵活的经营机制；③内部互联网的建立和高效的组织创

新；④有效的人力资源管理；⑤领先的核心技术和独特的研发管理；⑥处在迅速发展的市场和强大的营销能力。

在这里，华为集团最突出的是它的企业文化："狼性"文化。在过去，中国的企业更多注重的是资金在生产力等要素中的作用，在企业家心中，产品和资金永远是第一位的。但随着西方人力资源理念的引入，作为劳动者的人力资源已经逐渐成为产业要素中最重要的部分。

不管是国企还是私企，都在力求通过建立和完善自己的企业文化内涵来招募和留住人才，并确保所有员工有一个良好的工作环境。虽然和很多老牌跨国公司相比，华为在很多方面不是很突出，但是很少有企业可以像华为那样能在中国迅速占领大片的通信器材市场，并创造出惊人的销售额。是什么样的精神把华为这样一个巨大而高素质的营销团队团结起来，并使企业充满活力的呢？

归结起来，就是华为人执著、专业、团结的"狼性"文化。

华为非常崇尚狼，认为狼是企业学习的榜样，要像狼学习"狼性"，"狼性"永远不会过时。任正非认为发展中的企业犹如一只饥饿的野狼。狼有最显著的三大特性：一是敏锐的嗅觉；二是不屈不挠、奋不顾身、永不疲倦的进攻精神；三是群体奋斗的团队意识。同样，一个企业要想扩张，也必须具备这三个特性。

作为最重要的团队精神之一，华为的"狼性"文化可以用这样的几个词语来概括：学习、创新、获益、团结。

用"狼性"文化来说，学习和创新代表敏锐的嗅觉，获益代表进攻精神，而团结就代表群体奋斗精神。

狼能够在比自己凶猛强壮的动物面前获得最终的胜利，原因只有一个：团结。即使再强大的动物恐怕也很难招架得了一群早已将生死置之度外的狼的攻击。所以，华为团队精神的核心就是团结。

任正非在《致新员工书》中是这样写的："华为的企业文化是建立在国家优良传统文化基础上的企业文化,这个企业文化黏合全体员工团结合作,走群体奋斗的道路。有了这个平台,你的聪明才智方能得到很好的发挥,并有所成就。没有责任心、不善于合作、不能群体奋斗的人,等于丧失了在华为进步的机会。"

华为历来主张团队作战,非常厌恶个人英雄主义。

"胜则举杯相庆,败则拼死相救。"

在华为,还一直存在着一种忧患意识,任正非时刻都在提醒着他的团队华为的冬天可能到来,而对待忧患的方法就是团队团结,不能丢失"狼性"。华为人认为只有这样,华为才能找到"过冬的棉袄"。

最能体现华为团队精神的就是华为接待客户的能力。华为的客户关系在华为被总结为"一五一工程"——一支队伍、五个手段、一个资料库,其中"五个手段"是参观公司、参观样板店、现场会、技术交流、管理和经营研究。在华为,对客户的服务是一个系统,几乎所有的部门都会参与。在这种团队精神的带动下,华为每次都能既快又好地完成一整套完整的客户服务流程。

阿里巴巴 从"独孤九剑"到"六脉神剑"

阿里巴巴始于1999年创办的阿里巴巴网站,它是全球最大的B2B电子商务平台,目前已成为亚洲最大的个人拍卖网站。

阿里巴巴的发展,可追溯到1995~1997年其创始人马云创办的中国第一家互联网商业信息发布网站——"中国黄页"。而1997~1999年加盟外经贸部中国国际电子商务中心,开发外经贸部官方站点及网上中国商品交易市场是其重要的里程碑。

目前，阿里巴巴旗下拥有阿里巴巴 B2B、淘宝网、天猫、支付宝、口碑网、阿里云、中国雅虎、一淘网、中国万网、聚划算、CNZZ、一达通 12 家公司。可以说，先进的经营模式和其倡导的企业文化支撑着阿里巴巴开启了财富之门。

1. 解读阿里巴巴企业文化

阿里巴巴创始人马云在阿里巴巴研究书系 5《阿里巴巴的企业文化》中谈到如何成就阿里巴巴帝国的企业文化法则时，说："我认为员工第一，没有他们，就没有这个网站。也只有他们开心了，我们的客户才会开心。而客户们那些鼓励的言语，鼓励的话，又会让他们像发疯一样去工作，这也使得我们的网站不断地发展。"

2. 可信、亲切、简单

这是在 2000 年 3 月至 2001 年 3 月时的湖畔花园创业时代。

"可信"就是诚信，后来演变为价值观，又衍生出"诚信通"产品。

"亲切"就是人性化和人情味，就是阿里巴巴与客户亲如一家。

"简单"就是阿里巴巴的页面和软件要简单，因为商人应用网络的水平不高。"简单"还包括公司的人际关系要简单，杜绝"办公室政治"；所有争论都要留在办公室，不准带出办公室。

3. "独孤九剑"

2001 年 1 月 13 日，阿里巴巴第一次将企业文化总结、提炼、固化为文字，这就是"独孤九剑"。这是在 2001 年 4 月至 2004 年 7 月的华星时代。

"独孤九剑"即九大价值观，有两个轴线：一是创新轴，即创新、激情、开放、教学相长，其中激情是核心，这是马云的本质；

二是系统轴，即群策群力、质量、专注、服务与尊重。而贯穿创新和系统轴线的是简易，创新要简易，系统也要简易，简易就是要防止内部产生官僚作风，防止"办公室政治"。

4. "六脉神剑"

"独孤九剑"形成文字后，就成为阿里巴巴价值观的第一个正式版本。作为价值观，"独孤九剑"在阿里巴巴灌输了三年多，它不但成为员工的行为准则，而且进入员工的绩效考核体系。2004年8月，阿里巴巴决定将"独孤九剑"进行简化。简化的过程是先由人力资源部门拿出基本方案，然后召开由100多位员工参加的座谈会，再由企业高层对座谈会结果再讨论，最后是投票表决。最终的结果——"六脉神剑"的内容是，客户第一、团队合作、拥抱变化、诚信、激情、敬业。

（1）客户第一：客户是衣食父母

尊重他人，随时随地维护阿里巴巴形象。微笑面对投诉和受到的委屈，积极主动地在工作中为客户解决问题。在与客户交流过程中，即使不是自己的责任，也不推诿。站在客户的立场思考问题，在坚持原则的基础上，最终使客户和公司都满意。具有超前服务意识，防患于未然。

（2）团队合作：共享共担，平凡人做非凡事

积极融入团队，乐于接受同事的帮助，配合团队完成工作。决策前，积极发表建设性意见，充分参与团队讨论；决策后，无论个人是否有异议，必须从言行上完全予以支持。积极主动分享业务知识和经验，主动给予同事必要的帮助，善于利用团队的力量解决问题和困难。善于和不同类型的同事合作，不将个人喜好带入工作，充分体现"对事不对人"的原则。有主人翁意识，积极正面地影响团队，改善团队士气和氛围。

（3）拥抱变化：迎接变化，勇于创新

适应公司的日常变化，不抱怨。面对变化，理性对待，充分沟通，诚意配合。对变化产生的困难和挫折，能自我调整，并正面影响和带动同事。在工作中有前瞻意识，建立新方法、新思路。创造变化，并带来绩效突破性提高。

（4）诚信：诚实正直，言行坦荡

诚实正直，表里如一。通过正确的渠道和流程，准确表达自己的观点。在表达批评意见的同时能提出相应建议，"直言有讳"。不传播未经证实的消息，不背后不负责任地议论事和人，并能正面引导，对于任何意见和反馈"有则改之，无则加勉"。勇于承认错误，敢于承担责任，并及时改正。对损害公司利益的不诚信行为正确有效地制止。

（5）激情：乐观向上，永不放弃

喜欢自己的工作，认同阿里巴巴企业文化。热爱阿里巴巴，顾全大局，不计较个人得失。以积极乐观的心态面对日常工作，碰到困难和挫折的时候永不放弃，不断自我激励，努力提升业绩。始终以乐观主义的精神和必胜的信念，影响并带动同事和团队。不断设定更高的目标，今天的最好表现是明天的最低要求。

（6）敬业：专业执著，精益求精

今天的事不推到明天，上班时间只做与工作有关的事情。持续学习，自我完善，做事情充分体现以结果为导向。能根据轻重缓急来正确安排工作优先级，做正确的事。遵循但不拘泥于工作流程，化繁为简，用较小的投入获得较大的工作成果。

同时，阿里巴巴坚持了"四项基本原则"和"三个代表"的政策，他的"四项基本原则"是，唯一不变的是变化，永不把挣钱作为第一目的，客户第一、员工第二、股东第三，永不谋求暴利；"三个代表"即第一代表客户的利益，第二代表员工的利益，第三代表股东的利益。

阿里巴巴的梦想是通过发展新的生意方式创造一个截然不同的世界。阿里巴巴的使命是"to make doing business easy"（让天下没有难做的生意）。

阿里巴巴的目标是做"102"企业，为什么要做"102"企业呢？马云是这样说的：我们是成立在1999年，上世纪我们活一年，这个世纪我们再活100年，下个世纪我们活一年，正好是102年，我有可能待5年、7年、10年，不可能待得太长，我主要的职责是帮我的继承人把整个公司的机制建好，这个企业才会不断地成长起来，今后我离开这个公司以后，公司会更加发展壮大，这才是一个优秀的企业家或者领导应做的事。

阿里巴巴的愿景是通过小企业的IT化，解决小企业采购、销售、管理和融资的难题。

阿里巴巴大事记

1999年，马云带领下的18位创始人在杭州的公寓中正式成立阿里巴巴集团。

1999～2000年，阿里巴巴从软银、高盛、美国富达投资等机构融资2500万美金。

2002年，阿里巴巴B2B公司开始赢利。

2003年，在马云位于杭州的公寓中，个人电子商务网站淘宝成立，发布在线支付系统——支付宝。

2005年，阿里巴巴集团与雅虎美国建立战略合作伙伴关系。同时，执掌雅虎中国。

2006年，阿里巴巴集团战略投资口碑网。

2007年1月，以互联网为平台的商务管理软件公司——阿里软件成立。11月,阿里巴巴网络有限公司在香港联交所挂牌上市。同月,阿里巴巴集团成立网络广告平台阿里妈妈。

2008年6月,口碑网与雅虎中国合并,成立雅虎口碑。9月,阿里巴巴集团研发院成立。

2009年7月,阿里软件与阿里巴巴集团研发院合并。8月,阿里软件的业务管理软件分部注入阿里巴巴B2B公司。同时,作为"大淘宝"战略的一部分,口碑网注入淘宝,使淘宝成为一站式电子商务服务提供商,为更多的电子商务用户提供服务。9月,成立阿里云计算。

2010年5月,阿里巴巴集团宣布,从2010年起将年度收入的0.3%拨作环保基金,以促进全社会对环境问题的认识。11月,淘宝商城启动独立域名。

2011年6月,阿里巴巴集团将淘宝网分拆为三个独立的公司:淘宝网、淘宝商城和一淘,以更精准和有效地服务客户。

2012年1月,淘宝商城宣布更改中文名为"天猫",以加强其平台的定位。6月,阿里巴巴网络有限公司正式从香港联交所退市。7月,阿里巴巴集团宣布将现有子公司的业务升级为阿里国际业务、阿里小企业业务、淘宝网、天猫、聚划算、一淘和阿里云七个事业群。

海尔 "真诚到永远"

海尔集团创立于1984年,海尔的前身——青岛电冰箱总厂当时是一个亏损147万元的濒临倒闭的小厂。经过近30年的持续稳定发展,海尔已成为在海内外享有较高美誉的大型国际化企业集团。产品从1984年的单一冰箱发展到拥有白色家电、黑色家电、米色家电在内的96大门类15100多个规格的产品群，并出口到世界160多个国家和地区。2003年，海尔全球营业额实现806亿元，海尔蝉联中国最有价值品牌第一名。2004年1月31日，世界五大品牌价值评估机构之一——世界品牌实验室编制的《世界最具影响力的100个品牌》报告揭晓，海尔是中国唯一入选的企业，排在第95位。排行榜上，可口可乐荣登榜首，麦当劳排名第二，诺基亚排名第三。

  海尔集团在国内外同一环境下，能够实现如此之快的发展，最主要原因在于海尔集团十几年来形成的良好企业文化，是海尔文化驱动着海尔持续稳定的腾飞，造就了驰名中外的海尔品牌。

  海尔文化的核心是创新。它是在海尔20年发展历程中产生和逐渐形成的特色文化体系。海尔文化以观念创新为先导、以战略创新为方向、以组织创新为保障、以技术创新为手段、以市场创新为目标，伴随着海尔从无到有、从小到大、从大到强、从中国走向世界，海尔文化本身也在不断创新、发展。员工普遍认同：主动参与是海尔文化的最大特色。当前，海尔的目标是：创中国的世界名牌，为民族争光。这个目标把海尔的发展与海尔员工个人的价值追求完美地结合在一起，每一位海尔员工将在实现海尔世界名牌大目标的过程中，充分实现个人的价值与追求。

  海尔的CEO张瑞敏能联系企业实际，从老子思想中悟到"无"比"有"更重要、"无"胜"有"的道理，也悟出了柔才能克刚、谦逊才能进取的为人处世之理。骄横与张扬永远是企业衰败之源。

  人的成熟在于思想的成熟，企业家的成熟在于实践经验基础上形成的理念体系。所有成功的企业家都是经营哲学家。著名经济学家艾丰为《张瑞敏如是说》一书写序，题目就是"不用哲学看不清海尔"。艾丰用哲学恰到好处地评价了张瑞敏。

张瑞敏是走上哈佛讲坛的第一位中国企业家,以海尔的卓著业绩和精辟经营理念让世界认识了中国企业与成功的海尔文化。这一事件在中国企业管理史上具有重要历史意义,这说明中国企业只要创新,同样可以在企业管理方面为世界做出贡献。

1. 海尔再升级

(1) 第一个十年

> 海尔精神:无私奉献,追求卓越
>
> 海尔作风:迅速反应,马上行动

1984~1995 年,海尔十年创业,从无到有,从小到大,立志要造出中国最好的冰箱的海尔创业者们,发出了"无私奉献,追求卓越"的心声。"迅速反应,马上行动"体现了海尔人的市场观念,以迅速快捷的态度对待市场,绝对不对市场说"不",体现了海尔为客户着想、对用户真诚、快速排除用户烦恼的理念。而这要求员工时时处于积极的工作状态,以可能达到的最高效率完成工作,争取在相同的时间内,做出更多的成绩。

(2) 第二个十年

> 海尔精神:敬业报国,追求卓越
>
> 海尔作风:迅速反应,马上行动

走进海尔集团,随处可见代表着海尔精神的"敬业报国,追求卓越"八个大字。如果说海尔文化是滋养海尔的血液,那么这种精神就是造血的精髓。它使海尔人深深懂得,国家强盛来源于企业的兴旺,而企业的兴旺来源于企业每个职工的实际奉献。为国家、为人民多奉献,是人生最大的欣慰;反之,无所作为、中饱私囊,则是人生最大的遗憾。这种精神时时刻刻都在激励着海尔人遵照"三个有利于"的准则,以卓越的产品、卓越的服务、卓越的声誉报效国家，造福人民。而这个时期的海尔作风又比第一个十年的工作作风有了更深的价值取向，"迅速反应，马上行动"成为海尔创造比较优势、挑战国际名牌的速度利器，面临资金、技术、人才等巨大差距的海尔，以跨越式赶超为动力，义无反顾地向国际名牌的目标冲去。

2005年8月30日，《金融时报》评选中国十大世界名牌，海尔荣登榜首。在全球白色电器制造商中，海尔排名第四。

（3）第三个十年

　　　　海尔精神：创造资源，美誉全球

　　　　海尔作风：人单合一，速决速胜

全球化的海尔，需要全球化的海尔精神；海尔的全球化，需要企业的全球化追求。

遍布全球的5万名海内外海尔员工，海尔创世界顶级品牌的目标，都需要一种全球视野的共享价值。海尔新的企业精神——"创造资源，美誉全球"应运而生。

"创造资源"本质上是创新。与国际顶级企业相比，此时的海尔还不具备资源优势，但在创新的旗帜下，海尔可以而且能够创造资源，能够拥有自己的核心竞争力。

"美誉全球"就是海尔全球化品牌战略阶段的更高目标。海尔在全球各地满足用户需求的综合美誉，就是海尔世界名牌的根本内涵。

在这一更高的目标下，"人单合一，速决速胜"就成为海尔工作作风的最新表述。"人单合一"是手段，"速决速胜"是目的。每一个战略业务单元（SBU）都要与市场准确地结合，然后以速度取胜。

第一个十年，创业，创出中国第一名牌；第二个十年，创新，走出国门，创国际化企业；第三个十年，创造资源，实施全球化品牌战略。

海尔企业精神的创新之路，就是海尔的品牌之路。但无论怎样调整，海尔人都自始至终胸怀着一个崇高的指向：创世界顶级品牌！

2. 要么不干，要干就干第一

1984年12月，青岛电冰箱总厂厂长张瑞敏一上任，就很快从用户的一封来信中得知，当时许多产品卖不出去，是因为产品有缺陷，不符合市场需要。这种情况的出现究其原因，主要是职工思想涣散、精神不振。于是张瑞敏为振奋职工精神，带头将不合格的76台冰箱统统砸毁，并自责自罚，让全厂职工真正领悟到市场的残酷无情，真正认识到在市场的激烈竞争中制造有缺陷的产品就是制造积压品、废品，就是自我淘汰和自取灭亡。企业要兴旺，就必须树立"要么不干，要干就干好、干大、干强"的坚定决心。真正认识到干什么都有竞争，竞争中不是胜利就是失败。作为海尔人，一定要具备敢与强者较量、"两军相遇勇者胜"的雄心壮志。

3. "真诚到永远"

海尔人理解，在市场经济的浪潮中，用户是永远的主导者。"一个用户就是一个市场"，对用户真诚与否，决定了能否赢得用户。企业拥有了用户，便拥有了一切；失掉用户，便必然失掉一切。企业卖的不只是产品，更主要的是企业的信誉、企业的文化，是通过产品与用户的"感情交流"。海尔人要"以对用户的真诚，换取用户的钟情"。特别重要的是，这个真诚不是挂在嘴上、登在报上，而是渗透到每个职工的行动之中；不是一时所为，而是要坚持到永远。否则，即使一时侥幸取胜，终究也会惨淡收场。企业要发展，就必须充分利用市场资源，而市场的最大资源就是用户的钟情。

4. 日清日高

在海尔，每个有效工作日职工不仅要"日事日毕"，更要"日清日高",除了完成好、清理好当日的例行工作外,还必须以每天提高1%的理念,在原有基础上或提高质量,或增加数量,或降低成本,或改进工艺,或革新工具等。将"日清日高"变成每个员工的固有职责,成为集团每一名成员日日、周周、月月、季季、年年的行动准则,每个班组、每个车间都张贴着从经营管理者到员工每日、每周、每月工作的进展情况。将职工的奉献,以"岗位明星""改进明星""革新明星""创造明星"等称号和竞赛结果公之于众。涌现出"晓玲扳手""云燕镜子""启明焊枪"等以职工名字命名的各种发明创造,涌现出大量的合理化建议。

5. 赛马不相马

海尔非常重视人才和职工的积极性。他们认为,"优秀的产品是优秀的人干出来的"。一个企业好比一条大河,每个员工就是大河的"源头",只有充分发挥员工的积极性、创造性,才能使源头喷涌不止、大河奔流不息。因此,要求各级领导要"同心同德,独当一面"。在人事任免制度上,坚持"人人是人才,赛马不相马"的原则,为每个员工充分创造施展才华的空间。将管理、技术岗位空缺情况与选聘条件及时公布,公开公平招聘。对经营管理者的成就与失误公开揭示,要求经营管理者"宠辱不惊,能上能下"。同时,大胆启用年轻人,普通工人可以担当车间主任,刚毕业不久的优秀大学生可以统领几千人的事业部。2000年通过竞争答辩公开聘任三名年轻人担当集团副总裁。

海尔大事记

名牌战略阶段(1984~1991年)

1984年12月26日,张瑞敏出任青岛电冰箱总厂厂长。

1988年12月,海尔冰箱在全国冰箱评比中,以最高分获得国家质量奖（国优金牌），这是中国电冰箱史上第一枚质量金牌，表明海尔所坚持的"品牌战略"得到市场认可，并从此奠定了海尔冰箱在中国电冰箱行业的领头地位。

1990年，海尔产品通过了UL认证，此后，海尔与ITS、UL、TUV、JET、CSA、LGA、KTL、CQC、VDE、LCIE等多家著名认证检测机构取得数据互认及产品认证，产品已先后通过了CSA、GS、VDE、EMC、S-mark、KTL、LCIE等世界上最为严格的50多种国际认证。

多元化战略阶段（1992~1998年）

1991年12月20日，合并了青岛电冰柜总厂和青岛空调器总厂，成立海尔集团，由此海尔开始进入多元化发展战略阶段。

1992年9月，海尔通过ISO 9001国际质量体系认证，标志着海尔已成为合格的世界级供应商，是第一家获得ISO 9001国际质量体系认证的中国家电企业。

1993年，正式将品牌和集团名称更名为"海尔"。11月19日，青岛海尔股票（600690）在上海证券交易所挂牌上市交易。

1997年9月，以进入彩电业为标志，海尔进入黑色家电、信息家电生产领域。

1998年3月，海尔受邀在哈佛大学进行"休克鱼"案例讲解。此后，海尔的"OEC"管理模式、"市场链"管理及"人单合一"发展模式先后引起国际管理界高度关注。美国南加州大学、瑞士洛桑国际管理学院、法国欧洲管理学院、日本神户大学等商学院专门对此进行案例研究，海尔"市场链"管理还被纳入欧盟案例库。

国际化战略阶段（1999~2005年）

1999年4月30日，海尔在美国南卡罗来纳州建立美国海尔工业园，次年3月，第一台在美国制造的海尔冰箱下线。这是海尔的第一个海外工厂，同时也开启了海尔的国际化发展时代。这标志着海尔第一个海外设计、生产、营销"三位一体本土化"的建立，即设计中心在洛杉矶、营销中心在纽约、生产中心在南卡罗来纳州，从而能更快、更准地响应海外消费者的需求。

2001年4月10~12日，海尔在巴基斯坦建立全球第二个海外工业园，其生产产品辐射到印度、阿富汗、中东、非洲等国家和地区。6月19日，海尔集团并购意大利迈尼盖蒂公司所属一家冰箱厂，这是中国白色家电企业首次实现跨国并购。加之海尔在意大利、荷兰、德国和丹麦的设计研发中心，在意大利米兰的营销中心，海尔在欧洲实现了"三位一体"的本土化经营。

2002年9月11日，全球第一台双动力式洗衣机在海尔诞生，双动力式洗衣机是继波轮式、滚筒式和搅拌式洗衣机之后的世界上第四类洗衣机。

2005年3月1日，约旦撒哈布的海尔中东工业园举行了开业仪式。这是中东地区规模最大的家电工业园，是海尔集团在中东运作的一个枢纽。8月12日，北京奥组委在青岛奥帆基地正式宣布：海尔集团成为北京2008年奥运会唯一白色家电赞助商。

全球化品牌战略阶段（2006年至今）

2006年4月10日，海尔成为NBA战略合作伙伴，标志着海尔成为第一个赞助NBA的全球家电品牌。牵手美国文化的象征性赛事，海尔加快了成为美国主流品牌的步伐。6月22日，全球第一台不用洗衣粉的滚筒洗衣机在海尔正式下线。10月27日，海尔集团与日本三洋株式会社在日本大阪签署合约，双方合作成立合资公司——海尔三洋株式会社。11月26日，海尔牵头的"海尔－鲁巴经济区"在巴基斯坦正式揭牌，这是中国商务部"十大境外经济贸易合作区"中最先启动的园区。

2007年1月1日，海尔收购印度当地一家冰箱工厂。目前，海尔印度工厂主要生产电冰箱，年产能为35万台，拥有职工300多人。5月1日，海尔收购日本三洋的泰国冰箱厂，建立海尔泰国工业园。这是海尔在海外建立的第四个工业园，海尔成为泰国第二大冰箱制造商。

2008年8月，海尔为北京奥运会提供了6万多件绿色产品，包括自然冷媒冰箱、太阳能空调、不用洗衣粉的洗衣机、静音冰箱等。海尔为绿色奥运所做的贡献受到了绿色和平组织的赞赏，绿色和平组织将海尔集团列为"对绿色奥运有突出贡献的赞助商"，获得该殊荣的只有三家奥运赞助商：海尔、可口可乐和三星。

2009年6月，海尔获得由美国《商业周刊》颁发的"绿色企业大奖"，评选委员会认为海尔作为新一代节能电器的先锋，致力于打造中国第一绿色品牌，努力让节能环保技术平民化，为中国的绿色变革做出了显著贡献。12月，海尔品牌价值达到812亿元，连续八年位居中国最有价值品牌之首。

世界著名的消费市场研究机构欧洲透视（Euro Monitor）公布了2009年全球白电品牌企业最新市场调研数据：海尔品牌以5.1%的全球市场份额成为全球第一白色家电品牌，这也是中国白色家电首次成为全球第一品牌。同时，海尔冰箱、海尔洗衣机分别以10.4%与8.4%的全球市场占有率，在行业中均排名第一。

格力 用行动诠释"格力精神"

提到格力，我们聚焦它坚定的专业化战略，这在前文中已经提到。在此，我们要把目光转移到它的企业文化，探寻格力的灵魂所在。

1. 企业文化之格力精神

企业精神：忠诚、友善、勤奋、进取。

经营理念：制造最好的空调奉献给广大消费者。

管理理念：创新永无止境。

管理特色：合理化、科学化、标准化、网络化。

服务理念：您的每一件小事都是格力的大事。

人力资源理念：以人为本。

2. 格力愿景、使命及核心价值观

愿景：缔造全球领先的空调企业，成就格力百年的世界品牌。

使命：弘扬工业精神，追求完美质量，提供专业服务，创造舒适环境。

核心价值观：少说空话、多干实事、质量第一、顾客满意；忠诚友善、勤奋进取、诚信经营、多方共赢；爱岗敬业、开拓创新、遵纪守法、廉洁奉公。

格力的企业文化是以"实"为基础，衍生出"信""廉""新""礼"等核心价值观，以"忠诚、友善、勤奋、进取"为企业精神，以"少说空话，多干实事"为务实的工作态度，从而形成了外拓内敛的求实文化，又紧密结合中国改革开放的实际情况，围绕当代以人为本构建和谐社会和向全球化发展的潮流形成具有格力特色的企业文化。

独特的企业文化，支撑公司始终如一地坚持追求卓越、勇于创新，提高人类生活质量，促进社会进步，为社会创造最大财富。

（1）实——少说空话，多干实事

"实"体现在公司战略上是实事求是，求真务实，心无旁骛地坚持走专业化和稳健发展之路；在市场经营上反对不实的宣传，实实在在通过优质产品来满足顾客需求，树立良好口碑，赢得市场；在工作上树立脚踏实地、稳抓实干、多做实事、少说空话的务实工作作风；在员工中保持优良品德，做诚实人，说老实话，干实在事，杜绝弄虚作假。

(2) 信——信念、信任、诚信和信义

精心打造优质产品，为人类提供舒适生活环境，是全体员工的坚定信念，是信仰之所在。信任是公司的用人机制，唯才是举；是公司领导对中层干部的信任、授权一级中层干部对基层员工的信任和员工之间的彼此信任。诚信是公司的经营理念。

"不拿消费者当试验品"，也就是产品未成熟之前，不为了抢市场而匆忙推广产品，当彻底解决所有问题后，新产品才正式上市。这是格力一贯倡导并身体力行的设计理念。格力的高标准让格力空调在众多品牌中成为佼佼者。格力人认为，技术和质量是一个品牌的"桶底"，没有高品质产品就没有一流的高端市场占有，也就没有一流的品牌。按国家标准，电容表面温度只要达到70℃、能正常运行600小时就可以判定合格，但在格力，电容必须在相同条件下运行1000小时才被认定是合格的。在铜管的使用上，格力多年坚持采用全球最大的铜管制造商制造的铜管，其质量是行业公认最好的，当然价格也比其他铜管制造商高5%以上。

(3) 廉——遵纪守法，廉洁奉公

公司是员工赖以生存和发展的基础，企业的发展决定员工的前途和出路，只有企业发展，员工才有希望。全体员工廉洁奉公、克己为人可以形成强大的动力，形成良好的企业精神风貌，所有员工凝成一股合力向目标奋进；而全体员工爱岗敬业、无私奉献又是公司成功的有力保证。

(4) 新——创新、开拓、进取

公司通过不断进行技术、管理和营销创新，在专业领域不断创造辉煌。公司鼓励创新，要求员工尊重科学但要勇于创新、遵守制度但要善于突破、脚踏实地但要努力向上，创造更大价值。在精品战略指导思想下，格力电器在技术、营销和管理上不断创新，这是公司迅猛发展的源泉。在技术上，格力电器多年来十分重视对技术研发的投入，每年投入技术方面的资金占销售额的比例超过3%。一方面通过引入、培养技术专家队伍，另一方面通过不断投入巨资引进先进的技术研发设备，建设国际一流的空调实验室，使格力电器在空调产品的研发水平上始终处于行业领先地位，逐步掌握了空调的核心技术和尖端技术，占据了世界空调技术的前沿阵地。

(5) 礼——尊重、平等、友善、团结和协作

公司以人为本，尊重员工。建立全程式（培养、锻炼、任用、提拔）任人唯贤、人尽其才的人力资源体系；要求员工对同事、顾客、相关方人员要以礼相待；尊重领导；等等。格力电器副董事长、总裁董明珠强调过："格力倡导的工业精神就是一种甘愿吃亏的精神，不投机。中国企业需要这种精神。"

格力企训：忠诚、友善、勤奋、进取。

格力企魂：给消费者以精品和满意，给创业者以机会和发展，给投资者以业绩和回报。

格力企略：运用双赢智慧寻求发展空间，实施规范管理激活创新机制，容纳多种声音构筑和谐环境，追求个人梦想创造格力奇迹。

格力公司有今天的成就与其独有的企业文化是密不可分的。因此，建立适合自己企业特色的企业文化，并将其与企业管理有机地结合在一起，与时俱进，开拓创新，使企业文化能为企业的发展和壮大起到积极作用，是腾飞的中国企业努力的方向。

策略六 善用人才

假如你夺走宝洁的人才，留下金钱、房屋和品牌，宝洁将会失败；假如你夺走宝洁的金钱、房屋和品牌，却留下人才，十年之后，又会有一个宝洁。

——〔美〕查理·杜普里（宝洁公司总裁）

我不是一个聪明的人，我对我的员工只有一个简单的办法：一是给他们相当满意的薪金花红，二是你要想到他将来要有能力养育他的儿女。所以我们的员工到退休的前一天还在为公司工作，他们会设身处地地为公司着想。因为公司真心为我们的员工着想。

——李嘉诚（长江实业集团创始人）

人才是第一资源、第一资本、第一动力

理论透析

在企业的发展中，人力资源管理问题日益被提上公司的发展日程，人才能力潜力的发挥对企业发展的兴衰的影响有时是我们无法预想的。虽然我们叹息巨人的衰败，但是我们不难看出史玉柱重新站起来是得益于以前他积累的人脉。从马云独特的人力资源开发和利用的人才战略，我们清楚地看到人才确实是企业的生命之源，人才是第一资源、第一资本、第一动力。可以毫不隐讳地说，谁掌握和控制了尖端人才，谁就可以在竞争中获得主动权和占据制高点。人才兴则企业兴。

人才战略的作用，一是提高企业的绩效。企业的绩效是通过向顾客有效地提供企业的产品和服务体现出来的，而企业中的人才就是设计、生产和提供这些产品和服务的人员。人才资源战略的重要目标之一就是实施对企业绩效有益的活动。二是可以扩展人力资本。人力资本是企业人力资源的全部价值，它由企业中的人及他们所拥有并能用于他们工作的能力构成。在企业的实际人力资源工作中，存在着投入的成本和产出的价值之间的矛盾，行政管理和事务管理需要投入大量的人力资源成本，但并不能创造出最大的价值，人力资源管理战略相对需要投入的人力资源成本少，却能产生最佳的附加价值。

对企业实施人才战略，本文提出如下建议。

一是要转变观念。新时期的领导者要有求才之心、识才之眼、爱才之德、用才之胆、育才之道、容才之量。善于发现人才，大胆使用人才，敢于使用跟自己疏远的人、比自己才能高的人，甚至曾经反对过自己或意见不一致的人，要不拘一格选人才，量才施用，因人施用，要用其所长，避其所短，最大限度地发挥人才的作用，做到人尽其用。有些领导在用人方面，不能坚持公平、公正竞争的原则，不能任人唯贤，而是任人唯亲，或者是拉关系，看情面走后门，或者是论资排辈，轮流坐位，或者是朝里有人好做官，甚至大

搞钱权交易，更有一种病态现象，使用人才时，惧怕在权力、能力、利益等方面对自身构成威胁，造成压力，嫉贤、妒能，严重损害人才的自尊，导致人才严重流失、浪费，使人才资源受到极大的破坏。要从社会的需要、价值创造能力、资源稀缺程度来认识人才。树立人才资本的战略意识，增加人才资本的投入，美国1990年度的教育开支达3530亿美元，占全国GDP的6.8%，超过军费开支；1999年教育开支增至6350亿美元，约是1990年的1.8倍。

　　二是要吸引人才。要根据企业的发展需要积极吸引紧缺人才。对符合产业结构调整方向、有利于高新技术成果转化和高新技术产业化的各类人才，要不拘一格、千方百计引进来。引进人才一定要注重质量和效益，要把引进人才与引进智力结合起来，积极引进国内外高层次人才，同时也要为人才提供施展才华的舞台和一定的发展空间，这样才能留住人才。鼓励留学人员回国工作，是吸引人才最快、最经济的办法。他们有的从事社科领域的研究，吸取国外优秀文化成果，结合中国国情，为中国的经济建设和社会发展提出了许多有益的建议和改革思路。还有许多人投身大中型企业，或创办实业、组建公司，把自己的金融、期货、证券、贸易、经营管理、工商管理等方面的知识和实践运用到国内，产生了很好的经济效益和社会效益。还有的成为高等院校、科研院所和各级政府部门的主要负责人。美国为了大量吸纳国外人才，从1990年开始实施"H-IB计划"，每年给世界各地的6.5万名优秀人才发放签证，2000年签证名额增至11.5万人，2001~2003年又将每年的名额增至20万人。目前，美国有近60%的高技术公司的外籍专家比例超过90%，计算机产业领域50%以上的博士是外国人，"硅谷"企业中有约40%是外籍高级工程师。

　　三是要培养人才。企业要在激烈的市场竞争中立于不败之地，必须重视对人才的培养，对人才重使用，更要注重培养。第一，岗位培训。上岗前进行岗前培训，对在岗人员进行技术业务培训，对岗位轮换人员进行转岗培训。很多企业定期举办岗位培训班，外请专家为学员上课，以提高人才的专业水平，最大限度地发挥人才的潜能。第二，学历培训。学历培训主要针对在岗人才，由于种种原因，虽然具有专业技能，但没有文凭，对这样的人才进行学历培训，既可以扩大其知识面、增加其知识的深度，又可提高企业整体学历水平。第三，定向培养。企业根据经营发展的需要，选择优秀的人才到高等学府进行定向培养或下基层。对于职位升迁的人才，一般都要定向培养一段时间。其作用一是拓宽人才的知识面，二是使其有丰富的实践经验。中国石油勘探开发研究院在提拔人才前，让所选人才都要在油田挂职锻炼一年，使人才既有理论知识，又有实际经验。第四，出国培训。经济全球化必然要求人才及未来人才的培养、使用和管理等都呈现出国际化的趋势。为满足参与国际竞争的需要，应培养和集聚一大批通晓国际规则、具备跨文化沟通能力和战略思维及世界眼光的人才，不仅如此，更多的是着重培养人才适应国际交往和竞争需要的能力素质，包括外语应用能力、跨文化沟通能力、信息处理能力、创新能力和良好的心理素质等。

四是要激励人才。激励机制可以激发人才进行技术创新。有了这种人才激励机制，人才资本和价值才能够真正实现。美国哈佛大学威廉·詹姆斯一项研究表明，员工在受到充分激励时，可发挥其能力的80%~90%，而在仅保住饭碗，不被开除的低水平激励状态下，员工仅发挥其能力的20%~30%。

五是要改善用人环境。实施人才战略，离不开所处的环境。有一个良好的成才环境固然重要，但创业环境也很重要。创业环境固然包括各种相关的物质条件，但大量事实表明，其他如社会观念、管理体制、政策法规等，也是构成创业环境的重要内容，甚至比物质条件更重要。良好的创业环境意味着要形成尊重知识、尊重人才的社会氛围。把人才引进、培养、使用、考核、分配等环节有机联系起来并形成制度。其中，要建立能体现人才价值的、公平合理的收入分配制度。从横向说，应根据经营业务的不同和岗位系列的不同，建立若干系列的工资体系；从纵向说，应根据工作任务和技能将工作划分为若干层次。要打破平均主义，拉开分配档次。对优秀的人才在报酬分配上要给予倾斜，以体现人才的价值，做到待遇同责任、贡献相匹配。例如，中国石油建立了人事工作"六个新机制"：任用机制、用工机制、考评机制、分配机制、培训机制、约束机制。

马云 "够狠，够决绝"

马云，中国著名企业家，生于浙江杭州，祖籍绍兴，阿里巴巴集团主要创始人之一，阿里巴巴集团董事局主席。他是《福布斯》杂志创办50多年来成为封面人物的首位中国大陆企业家，曾获选为未来全球领袖。除此之外，马云还担任中国雅虎董事局主席、杭州师范大学阿里巴巴商学院院长、华谊兄弟传媒集团董事、艺术品中国商业顾问等职务。2012年11月，阿里巴巴在网上的交易额突破1万亿元大关，马云由此被冠以"万亿侯"的称号。2013年5月10日，马云正式卸任阿里巴巴CEO。2013年5月28日，马云联合阿里巴巴、银泰、复星、富春、顺丰、中通、圆通、申通、韵达等多家民营快递企业，组建物流网络平台"菜鸟网络科技有限公司"，并出任董事长。

马云创立的阿里巴巴被国内外媒体、硅谷和国外风险投资家誉为与 Yahoo、Amazon、eBay、AOL 比肩的五大互联网商务流派代表之一。它的成立推动了中国商业信用的建立，在激烈的国际竞争中为中小企业创造了无限机会，"让天下没有难做的生意"。

马云创办的个人拍卖网站淘宝网，成功地走出了一条中国本土化的独特道路，从 2005 年第一季度开始成为亚洲最大的个人拍卖网站。

1. 他不懂电脑、软件硬件，却在互联网领域创业成功

他没有高学历，却从一个英语老师变成了企业领导人。别人是学习技术，而他却是在练习管理，马云懂得人才的重要性。马云说："我训练干部管理团队，要求他们在问题发生之前就把问题处理掉。你做的任何决定都关系到公司 3~6 个月之后发生的事情。如果没有人能取代你，你永远不会升职。只有下面的人超过你，你才是一个领导人。"让领导人的手下超过领导人自己，这听上去就是一个奇怪的言论，但是马云确实是靠这个策略成功的。在阿里巴巴谁不比马云更懂网路？而最成功的人却是马云自己。

2. 为人才的培养推出阿里巴巴认证

为帮助高校学生学习先进实用的电子商务技能，为企业培养电子商务实战型人才，阿里学院与全国各高校合作开展电子商务认证工作——阿里巴巴电子商务认证。该认证集培训、考试、认证于一体，颁发符合电子商务应用标准的实战型电子商务证书。证书分为国际贸易应用专员证书、国内贸易应用专员证书和网上零售应用专员证书。

2006 年 4 月，来自全国各高校的 70 名教师参加了阿里学院首届电子商务认证师资培训，同年 6 月，全国 20 多所院校成立了阿里巴巴电子商务认证培训中心。来自除港澳台以外全国所有省份的上千名高校教师参加过阿里巴巴认证师资培训并通过考试，获得电子商务培训师证书。在他们的培养和指导下，已有1万多名学员获得阿里巴巴电子商务证书，覆盖全国29个省份。其中，2007届毕业生90%以上通过阿里学院找到工作或成功创业。

2007年，阿里学院启动"中国大学生实习实践计划"。该计划覆盖浙江、上海、广东、湖南、四川等13个省份，大学生可直接进入企业实习。2008年，学院又开创了远程实习模式，即学生不出校门就可以完成对企业平台的操作，帮助企业开展网上业务。远程实习，扩大了实习规模，提高了学生的时间利用效率，也减轻了学校和学生的经济压力。

2008年4月，阿里学院联手全国300多所高校实施的"明日网商孵化计划"正式启动，其目标是在未来几年为我国培育1000万名"明日网商"。学院还联合教育部有关机构，探索新的电子商务人才培养模式，面向数千万高校学子，推广电子商务的使用，培养兼具商务和技术的复合型人才，完善电子商务生态链，推动电子商务产业发展。阿里学院全面联手高校，推进了我国电子商务专业建设和人才培养。

在当今的信息时代，传统商业正经历着一场变革。"要么电子商务，要么无商可务"在业界已成共识。高校肩负着为新的商业文明培养人才的使命，与阿里学院全面合作，培育"明日网商"，符合优势互补、资源共享、合作多赢的原则。这种校企合作模式正在探索中，需要创新、拓宽运作思路。高校也只有与企业加强合作，探索电子商务深层次的产学研结合，才能培养出真正"为企业所需，为社会服务"的电子商务人才。阿里校企合作对推广和普及电子商务应用、促进电子商务专业实践教学，以及最终提升电子商务专业人才就业创业能力，必将产生积极而深远的影响。

3. 马云的用人战略

马云很善变，每次总是使外界很意外。2012年3月中旬，阿里集团22位中高管岗位大轮换，同时终止持续多年的人员快速增长态势，全年只净增200人。而此前不久，阿里巴巴B2B公司刚刚退市。

这不禁令人想起，2007年底，B2B业务上市一个半月之后，马云就给阿里巴巴的高管来了一个"大变动"：四位调岗，四位离职进修。

以人事变动来配合企业战略的调整，25000名员工驾驭中国最大的电子商务企业，马云用猛烈的人事变动，来化解企业发展中的一个个难题。

4. 体系的力量大于人的力量

大换岗背后是阿里集团消解内部资源整合难度的愿望。按照阿里巴巴最官方的说法，这是全面锻炼管理干部能力的方式。

根据《中国经营报》记者得到的职位变化名单，这一次变动不像上一次，并非全部涉及各个业务的"一把手"，而多是副总裁、总监级别的调动。而且，这一次人事变动中业务线没有变化，只是将人调换到不同的子公司去。比如集团资深副总裁张蔚调任集团参谋部，淘宝网的HR陆凯薇调任集团HR平台，支付宝商户事业部总经理袁雷、淘宝网副总裁王文彬调任天猫。在这份22人的名单中，涉及旗下支付宝、淘宝、一淘、阿里云、天猫各个子公司和集团中的高层。

来自阿里巴巴的一位内部人士认为，大换岗背后是阿里集团消解内部资源整合难度的愿望。集团旗下各业务子公司之间的竞争异常激烈，使得协作难度逐日提升。一些高管在某些位置上已任职多年，公司内部也难免形成了一些小圈子，马云需要打破这些藩篱，使得全集团都认识到整体一盘棋的重要性。不过，也有人认为，调整是因为大量新员工的进入和组织扩张带来了管理上的问题。因为就在前不久，聚划算出现管理漏洞，其总经理"被辞职"。

但结合前不久阿里巴巴 B2B 业务退市，阿里集团正在进行的集团整合，这一次调整的更深层意义应该在于"One Company 计划"，围绕"大阿里"的商业生态，建立起业务生态系统、运营管理系统和组织文化系统。

从马云内部讲话的内容来看，2012 年阿里集团的重要任务之一就是加强内部完善、提升组织和人才能力，"我们很清楚地看到，公司间的竞争是对未来的竞争。而未来的竞争是年轻人之间的竞争。我们不仅仅需要招聘到优秀的年轻人，最重要的是给阿里的年轻人创造一个健康成长的环境和发展的机制。未来是组织文化能力和人才培养发展机制上的竞争。年轻领导干部的成长决定了公司未来的希望"。

马云希望通过这样的交流能够在公司中涌现出越来越多的综合能力强、全局观好和使命价值观坚定的年轻领导者。

阿里巴巴已经是一家拥有 25000 名员工的大企业，企业管理不能靠人治。而马云对公司的控制力，更不能通过对人的控制去实现。体系的力量远远大于一个人的力量。

5. 遇到难事动用人事

马云用人的艺术在于，永远不会被"人"束缚住，不会因为"人"而僵化，也不会让"人"滞后于战略。"够狠，够决绝。"在评价马云用人的战略上，内部和外部都有这样的评论。

2007 年底，阿里巴巴 B2B 业务上市仅一个半月之后，马云就实施过一次在阿里巴巴历史上最具震荡力的人事大调整。淘宝网由陆兆禧接替孙彤宇担任总裁，支付宝由邵晓锋接替陆兆禧担任总裁，而曾鸣辞去中国雅虎总裁，金建杭担任中国雅虎总裁。除此之外，淘宝网总裁孙彤宇、COO 李琪、CTO 吴炯、副总裁李旭晖四名高管"被轮岗学习"。彼时的阿里巴巴正处于从创业向规范上市的过渡期。

马云的举措被理解为"杯酒释兵权"，能够避免伤害个人，也有利于完成阿里巴巴创始人向职业经理人的转变。

与 2010 年挥泪"斩"卫哲、2011 年聚划算总经理阎利珉被免职不同，2007 年的高管大变动和 2012 年的 22 位中高层轮岗，更多的意图是为其战略调整提供支持。这一次大轮岗，可能是阿里巴巴未来三年管理及运营战略升级的第一步。

阿里集团表示，中高层管理干部轮岗对公司未来意义重大，很多干部在同一个岗位上工作了很多年，擅长一种能力，但更需要得到其他多种能力的锻炼，岗位轮换有利于打破原先的专业界限，激发创新，发现人才，提高管理干部的适应能力和创新能力，培养他们在不同岗位上的领导能力。

支撑阿里巴巴高管轮岗的机制是几年前成立的"组织部"，这个部门现在已经有 200 人。

来自阿里巴巴内部的一位人士称，"组织部"的一个重要任务就是对高层管理者进行培训，还为此专门成立了负责培训的湖畔学院。培训通常半个月举办一次，分为必修课和选修课。像财务、企业文化属于必修课，学员要请假的话一定要向阿里集团首席人力资源官、支付宝 CEO 彭蕾申请。还有一些文化课则属于自愿的选修课程。

对于新加入的高管，湖畔学院为他们安排的是 3 天的课程，这些课程通常由公司最高层的管理人员来上，包括马云讲公司大局，首席战略官曾鸣讲战略，彭蕾谈文化以及绩效管理的制度等。湖畔

企业 **管理** 策略

学院的课程既有哲学、宗教等"虚"的内容,也有阿里巴巴内部对战略、战术的实战分享交流。

对于企业人才,就要求企业管理者首先要具有尊重知识、尊重人才的长远眼光;具有合理使用人才、合理布局人才、留住人才的管理能力;具有为企业拥有人才、储备人才的远大战略思想。这就要求企业管理者在深刻梳理人才流失成因的同时,尽可能地掌握人才的心理活动,尽可能地根据人才的所需、所想、所求,有针对性地加强硬件、软件建设,改善工作、生活环境条件,用好的环境和独特的企业文化吸引人,用待遇上的倾斜政策尊重人才的智力价值作用;用有效、科学的企业发展规划增强人才对企业发展的信心;搭建适合人才展现自我、发挥自我、不断提高自我的职业生涯舞台;建立和完善选拔用人公平制度原则。

发展到什么样的阶段与所实行的人才战略无疑是息息相关的,而一定意义上,人才战略又是由现状决定的,如果现状无法提供更好的人才战略,那么企业的发展就会令人担忧,如果现状提供了很好的人才发展战略,企业的发展就会很好。人才是培育、推动和发展企业核心竞争力的关键,要以人才这一"引擎"为动力推动企业紧跟时代发展步伐、克难攻坚,在激烈的市场竞争中站稳脚跟,谋求发展乃至崛起。企业领导者就应该具有识才、辨才、育才、护才、不拘一格用才的战略眼光,从思想意识上真正把实施人才资源战略纳入企业管理和企业发展的长远总体规划。

李嘉诚 "用人七步"

以 5 万港元开始创业的李嘉诚,何以一跃成为统领 20 多万人的庞大商业帝国的当今世界华人首富？他行之有效的人才理念和人才实践，是其成功的法宝之一。

1. 慧眼识才

古人云："智莫大乎知人。"人才是事业成功最重要的资本和基础。深受中华传统文化熏陶的李嘉诚深谙此道。身为怡和贸易代表的英国人马世民，到长实公司推销冷气机。虽然李嘉诚一般不过问此类业务，但马世民一再坚持要求面见李嘉诚。他的倔强吸引了李嘉诚，这次偶然的接触，却在彼此间留下了相见恨晚的深刻印象。后来时机成熟，李嘉诚不惜重金收购了马世民创办的 Davenham 工程顾问公司，延揽了马世民这位不可多得的人才。古有"千里马常有，而伯乐不常有"的感叹，然而，港人却盛赞李嘉诚具有九方皋相马的慧眼。李嘉诚正是因为极为高明地辨识和使用了众多的"千里马"，他指挥的高速前进的商业巨舰才能驰骋商场几十年而无坚不摧、无往不胜。李嘉诚为邀得袁天凡的加盟，历尽"峰回路转"到"柳暗花明"的曲折。袁天凡的才华在香港金融界路人皆知。尽管两人过往甚密，但袁天凡多次谢绝了李嘉诚邀其加入长江实业的好意。李嘉诚并不言弃，仍一如既往地支持袁天凡：荣智健联手李嘉诚等香港富豪收购恒昌行，李嘉诚游说袁天凡出任恒昌行行政总裁一职；袁天凡与他人合伙创办天丰投资公司，李嘉诚主动认购了天丰公司 9.6% 的股份。李嘉诚多年来的真诚相待，终于打动了孤傲不羁而才华出众的袁天凡，他应邀出任盈科亚洲拓展公司副总经理。在袁天凡的鼎力协助下，李泽楷孕育出了叫响香港的腾飞神话。

2. 诚信聚才

得人才者兴，失人才者亡，这是企业的生存法则。人的强大不仅仅在于提升自身的智慧，还在于凝练他人的智慧为我所用。善集众人之智慧于一身者，方能成大事、做巨人。李嘉诚在商界以坦诚和守信著称。李嘉诚说："以诚待人是我生活上坚守不移的原则。"正是李嘉诚被广为传颂的诚信美德，使得众多出类拔萃之才纷纷因他而来、由他而聚，心悦诚服地为李家商业王国奉献自己的聪明才智。李嘉诚谋事决策的成功，得益于多位顶尖智囊、高参、谋士的长期忠贞不渝的合作。杜辉廉是一位精通证券业务的专家，被业界称为"李嘉诚的股票经纪"，备受李嘉诚青睐和赏识。李嘉诚多次请其出任董事均被谢绝，他是李嘉诚众多"客卿"中唯一不支干薪的人。但杜辉廉绝不是因为未支干薪而拒绝参与长江实业股权结构、股市集资、股票投资的决策。我们无法知道杜辉廉这样做是怎样想的，但起码可以从这样的现象中，感觉到李嘉诚的人格魅力在其中产生的巨大力量。为了回报杜辉廉的效力之恩，当杜辉廉与梁伯韬合伙创办百富勤融资公司时，李嘉诚发动连同自己在内的18路商界巨头参股，为其助威。在百富集团成为商界小巨人后，李嘉诚等又主动摊薄所持的股份，好让杜、梁二人的持股量达到绝对的"安全线"。李嘉诚的投桃报李，知恩图报，善结人缘，更使得杜辉廉极力回报李嘉诚，甘愿为李嘉诚服务，心悦诚服地充当李嘉诚的"客卿"和"幕僚"。杜辉廉在身兼两家上市公司主席的情况下，仍忠诚不渝地充当李嘉诚的股市高参。

《李嘉诚成功之路》一书有这样一段话："正因为李嘉诚善于把一批确有真才实学的智囊人物团结在自己的周围"，"'博采天下之所长，为己所用'，从而保证了他每在关键时刻能出奇制胜，化险为夷。"李嘉诚说："决定大事的时候，我就算百分之百地清楚，也一样要召集一些人，汇合各人的资讯一起研究。这样，当我得到他们的意见后，看错的机会就微乎其微。"

3. 精心育才

李嘉诚能够并善于突破固有的、传统的育才模式，而紧跟时代的潮流，创立出新的、适合企业实际需要的人才培育模式，为公司的发展、壮大奠定坚实的人才资源基础。李嘉诚送长江实业的元勋周千和同其子周年茂赴英国专修法律，体现出其培育人才的超人眼光和魄力。周年茂还是学生时，李嘉诚就把他作为长江实业未来的专业人士来培养。父子两人同行出国进修，如此优厚的待遇开了长江实业培养人才方法之先河。周年茂学成后，被李嘉诚指定为长江实业发言人，两年后凭业绩被选为长江实业董事，周千和升为董事副总经理，父子两人均成为长江实业的得力干将。

李嘉诚悉心培育儿子李泽钜和李泽楷的过程，更是可圈可点。在李氏兄弟很小的时候，李嘉诚就常带他们挤电车和大巴士，甚至观察一个卖报小女孩边卖报边做功课的情景，让他们感受平民子女求学的艰难。当两兄弟念中学时，李嘉诚就让他们参与公司的会议。用李嘉诚的话说："带他们到公司开会，不是教他们做生意，而是叫他们知道，做生意不是简单的事情，要花很多心血，开很多会议，要有许多人帮助，才能成事。"

李嘉诚的大儿子李泽钜15岁、小儿子李泽楷13岁时，被送去美国读书，上学期间需要的零花钱，要靠他们自己业余时间打工获得。李泽钜在麦当劳餐厅做夜间兼职，每晚打工到深夜的经历，使他不仅懂得了挣钱的艰辛，而且磨炼了身心；李泽楷在高尔夫球场当三年多球童的异常辛苦的经历，使他悟出了不少灵活变通的道理，并为日后经商打下了坚毅不屈的性格基础。不久，两个儿子迅速在商界脱颖而出，并有"小超人"之美誉。李氏兄弟说："父亲从小对我们的培养教育是我们最值得感谢的。我们从父亲那里学到的不仅仅是怎样成为一个出色的商人、一个赚钱的商人，更为重要的是我们学会了怎样做一个正直的商人。"

4. 仁义爱才

李嘉诚这样说过:"人才取之不尽,用之不竭。你对人好,人家对你好是很自然的,世界上任何人也都可以成为你的核心人物。"李嘉诚叱咤商场几十年,经久不衰,与其对人才常怀仁爱之心不无关系。在企业创办不久,为了降低成本、改善经营状况,李嘉诚的企业被迫大量裁员。在企业遇到困难的时候,裁员是很正常的事。但是,李嘉诚认为,员工失去工作就意味着没有了生活来源。从艰辛中走过来的李嘉诚对此体会尤深。李嘉诚坦诚地承认,自己经营上的失误导致了裁员。他在向被辞退员工及家属表示歉意的同时,承诺只要经营出现转机,愿意回来的员工,仍然能在公司找到他们的职位。李嘉诚有诺必践,相继返回的员工都能比以前更加努力地从事本职工作。

李嘉诚说:"我现在就算再有多十倍的资金也不足以应付那么多的生意,而且很多是别人主动找我的,这些都是为人守信的结果。"

在亚洲金融风暴波及香港的时候,长江实业员工的公积金因外放投资受到不少损失。按理,遭遇这样的天灾大家只好自认倒霉。可李嘉诚却动用个人资金将员工的损失如数补上。宁可自己受损,绝不让员工吃半点亏,这样的企业老板理当深得人心、深受员工的拥戴。常言道,以诚感人者,人亦以诚应之。李嘉诚用个人的损失,换取了比金钱更重要的东西,那就是员工的尊敬、忠诚和感恩。

5. 雅量容才

李嘉诚认为,企业家用人,首先要有"海纳百川"的容才之量。"宰相肚里能撑船",说的就是管理家要有广阔的胸怀。企业家有容纳人才的心胸，才能吸引人才、任用人才，否则，人才就会离他而去。古话说得好，此处不容人，自有容人处。企业家应善于任用各方面的"能人"，不能搞"武大郎开店"。企业家应该清楚地认识到，手下的人才超过自己越多，越说明你会培养人、使用人，越能够吸引人才；有众多人才凝聚在你身边，你的事业才会不断发展，成就才会不断扩大。李嘉诚说："长江取名基于长江不择细流的道理，你要有这样旷达的胸襟，然后你才可以容纳细流——没有小的细流，又怎能成为长江？只有具有这样博大的胸襟，自己才不会那么骄傲，不会认为自己样样出众，承认其他人的长处，得到其他人的帮助，这便是古人说的'有容乃大'的道理。"美国《财富》杂志评论说："李嘉诚极为重视与借助专业经理人才帮助他完成宏图大业。"

20世纪70年代初，李嘉诚聘请美国人 Erwin Leissner 为总经理，之后，又聘请美国人 Panl Lyons 为副总经理。这两人是掌握最现代塑胶生产技术的专家。长江实业董事局副主席麦理思是个英国人，更是一名优秀的经济管理专家，长江实业与香港本地洋行和境外财团打交道，多由麦理思出面。李嘉诚入主和黄洋行后，提升英国人李察信为行政总裁。李察信离职后，李嘉诚又聘用了另一位英国人马世民任董事行政总裁。在和黄、港灯两大老牌英资集团的旗下，李嘉诚留任的各分公司的董事长、行政总裁多达数十人。李嘉诚说："我并没有想过用雇佣外国人来表现华人的经济实力和华人社会地位的提高，我只是想，集团的利益和工作确确实实需要他们。"

6. 巧妙用才

在人才的使用上，会用人的人总是能从实际需要出发，用最适合事业发展的人才。在李嘉诚庞大的商业王国中，只要是人才，就

企业 *管理* 策略

能够在企业中有用武之地。李嘉诚说："要知人善任，大多数人会有部分的长处，部分的短处，好像大象食量以斗计，蚂蚁一小勺便足够。各尽所能，各得所需，以量才而用为原则。这就是说，一个公司能得到发展，需要员工的共同努力。就如在战场上，每个战斗单位都有其作用，而主帅未必对每一种武器的使用比士兵娴熟，但最重要的是首领必须非常清楚每种武器及每个战斗单位所能发挥的作用——统帅只有明白整个局面，才能做出出色的统筹并指挥下属，使他们充分发挥最大的长处以及取得最好的效果。"

李嘉诚通晓唯才是举的用人方略。在集团内部，李嘉诚彻底摒弃家族式管理方式，人们看不到家长制作风的影迹，完全是按照现代企业管理模式进行运作。李嘉诚常说："唯亲是用，必损事业。"有位员工这样评价李嘉诚："对碌碌无为之人，管他三亲六戚，老板一个不要。"

李嘉诚善用年轻人。长江实业在20世纪80年代得以急速发展壮大，股价由最初的6港元上升到90港元，和李嘉诚不断提拔风华正茂的年轻人有关。有长江实业"新型三驾马车"之称的霍建宁、周年茂、洪小莲，正是长江实业年轻才俊的杰出代表。霍建宁1985年任长江实业董事，两年后提升为董事副总经理，是年他35岁，如此年轻就任香港最大集团的要职，在香港实属罕见。周年茂1985年任长江实业董事副总经理时才30岁出头，负责长江实业的地产发展，具体策划了多项大型住宅屋村的发展事宜，深孚众望。由秘书成长起来的长江实业董事洪小莲，全面负责长江实业楼宇销售时不到40岁。正是这些青年才俊的鼎力帮衬，才有李嘉诚演绎出巨额财富的惊天神话。

李嘉诚精于搭建科学高效、结构合理的企业领导班子。李嘉诚深知，企业发展在不同阶段需要有不同的管理和人才需求，适应这样的需要，企业就突飞猛进；否则，企业就要被淘汰出局。在李嘉诚组建的公司高层领导班子里，既有具有杰出金融头脑和非凡分析本领的财务专家，又有经营房地产的"老手"；既有生气勃勃、年轻有为的"港人"，又有作风严谨、善于谋断的"洋人"；既有公司内部的高参、助手、干将，又有企业外部的智囊、谋士、客卿。曾任和黄行政总裁的马世民把李嘉诚的左右手称为"内阁"。评论家说："这个内阁，既结合了老、中、青的优点，又兼备中西方的色彩，是一个行之有效的合作模式。"

7. 宽厚待才

美国著名成功学家戴尔·卡耐基在他的《关爱人》一书中写到："一个能够从细微处体谅和善待他人的人，一定是一个与人为善的人，必定有很好的人缘关系，这种人缘关系就是他成功的基石。"李嘉诚说："不是老板养活员工，而是员工养活了整个公司，公司应该多谢他们才对。"李嘉诚对跟随他多年的有功于长江实业的"旧臣老相"，始终怀有感激、善待、报答之心，以恩、以德相报，真情切切，感人至深。盛颂声是辅助李嘉诚从创业到公司发达的劳苦功高的元勋之一。几十年来，盛颂声兢兢业业、任劳任怨地为长江实业的发展壮大贡献出自己的聪明才智，李嘉诚除了提拔他为长江实业的董事、副总经理外，还委以负责长江实业地产的重任。当盛颂声举家移民加拿大，离开长江实业时，李嘉诚专门举办了盛大的酒会为他饯行，令盛颂声十分感动。李嘉诚在处理公司高管人员离职时，还给他们以低价购入长江实业股票的机会，让下属分享公司的利益，使得公司拥有极强的凝聚力和向心力。原和黄董事行政总裁马世民离职时，用8.19港元/股的价格购入160多万股长江实业股票，当日就按23.84港元/股的市价出手，净赚2500多万港元。据香港税务局公布的1999~2000年度的前10名"打工皇帝"所交纳的薪俸税金额来推算，李嘉诚旗下香港电灯副主席、长江基建副主席、长江实业执行董事霍建宁更是名列"打工皇帝"榜首。李嘉诚给长江实业高层经理人士的高薪俸禄，既是"人有所值"的体现，又是"厚待人才"的结果。李嘉诚说过："长江实业能扩展到今天的规模，要归功于属下同仁的鼎力合作和支持。"熟谙中国传统文化的李嘉诚是真正能够理解"一个篱笆三个桩，一个好汉三个帮"的道理的，李嘉诚创建巨大商业帝国的过程，充分证明了这样的用人准则。长江实业低于1%的人员流失率，就是其极强凝聚力的最好证明。

麦当劳 为员工营造"家外之家"

作为全球最著名的快餐连锁企业，麦当劳公司1990年进入中国，已在中国开设了680多家连锁餐厅，员工人数超过5万人，其中99.97%是中国员工。麦当劳凭借其高品质的产品、方便周到的服务和清洁温馨的进餐环境，被评为"最具影响的跨国企业"。

1. 麦当劳人力资源的成功经验

（1）员工的招聘和录用

大量研究表明，如果在招聘工作中让求职者充分了解所应聘工作的内容、自己在企业里的发展前景和面临的困难，将有助于企业选择到更优秀的员工，也有助于坚定员工在企业长期工作和奋斗的信心，增强企业的凝聚力。麦当劳在招聘时没有任何限制，女服务员也不要求个个年轻漂亮，大多数是很普通的，甚至有年长些的服务员。人才多样化是麦当劳的一大特点，麦当劳从不同渠道招募人才，新员工进入麦当劳的门槛并不高，没有什么特殊的要求，面试也比较简单,最初由人力资源部门面试,再由各职能部门面试,然后再请他来店里工作,慢慢地从最基本的员工往上升。

(2) 重视员工的职业生涯规划

按照马斯洛的需求层次理论,每个人都有自我实现的需要,因此,满足员工个人发展需要是企业不应该忽略的。企业应从员工进入企业开始就指导其确定自身的职业目标,帮助其设计个人的成长计划,并为员工提供适当的发展机会,以减少员工的流失,提高员工的积极性。

一是重视员工培训。发达国家非常重视对员工的培训,认为培训是企业的支柱,是企业的一项重要投资,是挖掘自身资源的手段。美国卡内基教育基金委员会的《公司课堂:学习的组织》报告指出,美国企业界每年花在员工教育和培训方面的费用约为 600 亿美元,相当于美国全国学院和大学的费用。据欧洲一些国家统计,工人技术每提高一个等级,劳动生产率可提高 10%～20%。培训要有一个循序渐进的过程,首先是操作性的培训,其次才是管理性的培训。麦当劳的培训是有针对性的,对不同学历的员工有不同的培训方案。培训从新员工加入麦当劳的第一天起,每名新员工都由一名老员工带着,一对一地训练,直到新员工能在本岗位上独立操作。尤其重要的是,麦当劳的新员工从进店伊始,就要在日常的点滴工作中边工作边培训,在工作和培训合二为一中贯彻麦当劳 QSCV 黄金准则。QSCV 是质量(quality)、服务(service)、清洁(clean)和价值(value)的简称,这是麦当劳培训新员工的方式。在他们看来,边学边用比学后再用的效果好,在工作、培训一体化中可以将企业文化逐渐融入麦当劳每一位员工的日常行为。总之,麦当劳的人才体系就像一棵圣诞树,如果你的能力足够大,就会让你成为一个分枝,再往上又成为一个分枝,永远使你有升迁的机会。麦当劳北京公司总裁赖林胜曾经说过:"每个人面前都有一个梯子,你不要去想我会不会被别人压下来,你爬你的梯子,你争取你的目标。我鼓励员工永远追求卓越,追求第一。当然,我们给每个人平等的机会,不搞裙带关系。"可见,麦当劳的晋升对每个人来说都是公平的,只要能力强、技术高,就有机会展示自己的才华,就可以在麦当劳得到充分发展。

二是加强与员工沟通,促使员工参与管理。麦当劳的管理制度非常人性化。由于大部分员工是兼职人员,工作时间不固定,因此,每位员工可以提前与经理进行沟通,让经理了解自己可以上班的时间段,以便安排。排好班后如果临时有事,还可以和值班经理请假或者让别人顶替自己上班。另外,麦当劳也十分注重为员工提供良好而充足的发展空间。

2. 麦当劳人力资源管理的成功对我国餐饮业的启示

(1) 注重创新

我国餐饮行业的运作大多停留在经验型管理和传统的手工作坊技术水平上,没有采用有效的营销手段向消费者推销自己,没有能满足顾客需求的产品、服务和环境。

(2) 关心员工的生活

餐饮行业的特殊服务性,使得餐饮业员工的工作压力较大。管理者应从生活上多关心员工,为员工提供各种方便,解除员工的后顾之忧。首先,管理者应高度重视员工食宿,为员工提供各种文体活动场所,丰富员工的业余生活,真正为员工营造一个"家外之家"。其次,管理人员应该多关心员工的感情生活。在节日、员工生日的时候送上贺卡、礼物,为那些家里有困难的员工提供支持与帮助。另外,可以考虑一部分员工的特殊需要,为员工提供弹性工作时间,或者采取工作分担等方式,以方便员工的生活。

(3) 有效的激励约束策略——走动管理

"走动管理"是麦当劳管理思想的核心之一，它源于麦当劳第一代领导人克罗克，如今作为一种管理理念风靡全球。这种管理理念主要是通过主管深入下去，体察民意，发现问题，沟通意见，解决问题，消除隔阂，凝聚人心。这种基于人本管理理念的走动管理，有利于改善企业高层和下属的关系，增强企业的凝聚力。

(4) 进行品牌文化传播

企业的形象要想在消费者心目中根深蒂固，品牌文化的广泛传播是必不可少的。中国连锁经营协会提供的数据显示，在就餐时认为知名度比较重要的消费者占到56%。消费者就餐的品牌意识，必然使口碑好的餐饮连锁企业在竞争中处于优势，同时能利用品牌的特许经营迅速壮大。

(5) 注重企业人才的培养，提供晋升机会

企业人才的引进有两种途径，一种是"内升制"，另一种是"外求制"。麦当劳的绝大多数经理是从员工做起的，他们了解每个岗位的职责，升迁后能够很快适应管理工作，而且积累的经验、公司文化的影响使他们不会轻易离开公司。因此，注重员工培养对公司的长远发展非常关键。近几年来，由于扩招和高校毕业生的突增，人才市场已经从买方市场向卖方市场转变，出现教育过度和知识失业的现象。事实上，高校毕业生接受了高等教育，具有很大潜力，如果给他们合适的机会，他们会创造更大的价值。

(6) 能经营好企业的人才

随着人才市场的进一步活跃，如何善待人才成为一个重要的话题。在一些80后年轻人的心目中，工作无非就是"老板付钱，我们工作"，认为企业与员工之间只是一种纯粹的雇佣关系，用不着

所谓的忠诚度。80后一代对新知识有很大的需求性，尤其是和自己工作相关或和自己梦想、爱好相关的知识。与制造工人不同，知识员工脑袋里储藏的知识就是生产工具，他们需要的不是对公司的忠诚度，而是对自己本身专业的忠诚度。

麦当劳在人力资源管理方面体现着企业全新的经营理念和丰富的管理经验。正是凭借这一点，麦当劳才能在众多强劲的竞争对手中脱颖而出，并在激烈的快餐市场中不断发展壮大。这些都值得我国快餐行业学习和借鉴，以获得更大的发展。

史玉柱 东山再起的人才反思

说起巨人，下文将对它进行详尽描述，但在这里还是简单地做一下介绍。1989年8月，深圳大学软件科学管理系硕士毕业的史玉柱和三个伙伴，用借来的4000元钱承包了天津大学深圳科技工贸发展公司的电脑部，并用手头仅有的4000元钱在《计算机世界》利用先打广告后付款的方式做了8400元的广告，将其开发的M-6401桌面排版印刷系统推向市场。广告打出后13天，史玉柱的银行账户第一次收到三笔汇款，共15820元，巨人事业由此起步。到9月下旬，史玉柱将收到的款项全部再次投入广告。4个月后，M-6401的销售额一举突破百万元大关，从而奠定了巨人集团创业的基石。

众所周知，巨人并不像它名字一样高大威猛、鹤立鸡群，在它后来的发展中暴露了很多问题，最终导致巨人在激烈的竞争中衰败。其衰落的原因有很多，既有主观上的，又有客观上的。在客观因素方面，1993年，随着西方16国组成的巴黎统筹委员会的解散，西方国家向中国出口计算机禁令失效，康柏、惠普、AST、IBM 等国际著名电脑公司开始围剿中国"硅谷"——北京中关村。伴随着中国电脑业走入低谷，史玉柱赖以发家的本行也受到重创。巨人集团迫切需要寻找新的支柱产业，史玉柱看上了房地产市场，他决定盖一座 70 层高的巨人大厦。但施工打地基时碰上了断裂带，珠海两次发大水将地基全淹，而且在盖巨人大厦时恰好碰上中国加强宏观调控，银根紧缩，地产降温。开发保健品又碰上全国整顿保健品市场，保健品也随之降温。这些客观环境对巨人集团来说虽不是致命的，但使巨人集团元气大伤。相较而言，主观因素才是导致巨人集团衰落的主要原因，具体如下。

1. 人不能尽其用，管理失控

决策失误是急症，管理上的"跑冒滴漏"却是慢性病，两者都是构成巨人危机的致命伤。巨人大厦是巨人集团的全资子公司，因此，它陷入危机就把整个巨人集团拖进了泥潭。康元公司原来也是全资公司，后来改造为有限责任公司。按说，康元公司可按正规的法律程序进入破产程序，但由于在改造为有限责任公司时，没有及时进行债权债务清盘，而是顺延了财务关系，就使得财务管理陷入混乱。因此，当康元公司进入破产程序时，便说不清哪些债务会牵连集团，最后只好决定拿卖楼花的钱来冲抵康元公司的债务。而且康元公司在改造为有限责任公司后，不仅生产经营没有好转，反而产品大量积压，财务更是混乱不堪。

康元公司的亏损，明显暴露出巨人集团管理人才准备不足，管理不善是巨人集团的一个致命内伤。1995 年 4 月，"巨不肥会战"取得了成绩，销售大幅回升。营销形势开始好转，但这并不意味着整体状况好转，更不意味着良好机制的形成。相反，集团内部一些人开始侵吞、私分巨人集团的利益。1996 年 7 月，监事会主席周良正在一份报告中指出,巨人集团出现了各类违规、违纪、违法案件,截留、坐支、挪用公款,搞虚假广告、冲货的人屡见不鲜。几万、十几万、几十万,甚至上百万资产在阳光照不到的地方流失了。到了1996年下半年,巨人集团财务运作日益窘迫,营销状况衰势尽现,员工士气不振。在疲弱的整体状态下,公司财务管理陷于混乱。9月21日,巨人财务会议举行,监审总裁李敏指出总公司对子公司存在不同程度的失控,子公司私自坐支货款,财物丢失严重,财务账不能及时反映公司经营状况,特别是低价抛售货物,应收账款已结账,但财务反映的仍是挂账。管理不善不仅表现在财务方面,对人员的管理同样也存在诸多问题。巨人集团急剧的外延式扩张使原有领导层动力不足,惰性尽显,新的骨干队伍又难以补充,人员管理破绽百出。例如,参与6405软件开发的一位人员,在离职后将技术私卖给另一家公司,给巨人集团造成了巨大损失。在经营方面,营销总公司总裁杨军就指出:"迅速扩张的子公司只有少数情况良好,大多数子公司没有带来效益,反成危害。目前营销必须收缩战线,不能再盲目扩大,盲目上项目,盲目冒进,集团当务之急要进行战略上的选择。"经营方面的另一失当之处就是当巨人大厦缺少建设资金时,本应停止,但集团领导人对大厦考虑过重,就从生物工程上抽调资金来继续建设大厦。结果因为"抽血"过度,一下子把生物工程搞得半死不活,使这一新产业逐渐萎缩,到最后,生物工程不能"造血",使得整个巨人集团流动资金也因此枯竭。

2. 一人说了算

一人说了算,就是权力高度集中。这在早期创业时期,主帅的意志显得尤为关键。但1992年后,巨人集团涉及三大领域——电脑软件、房地产、生物工程,当巨人集团规模越来越大、个人综合素质还不全面时，如果缺乏集团决策的机制，特别是干预一个人的错误决策乏力，那么企业的运行就相当危险。巨人集团虽然也设了董事会，但只是摆设，决策权集中在总裁史玉柱手中。例如，巨人大厦从64层增加到70层，是史玉柱一个人一夜之间做出的决定，他只打了个电话给香港的设计所，问加高会不会对大厦基础有影响，对方说影响不大，史玉柱就拍板定下了。像这种决策权高度集中在少数高层决策人手中，尤其是一个人手中时，虽然在做重大决策时效率高，但负面效果也同样突出，特别是这个决策人兼具所有权和经营权，而其他人很难干预其决策时，危险更大。巨人危机的启示就是一个企业在拓展新产业时，一般应该是做自己最熟悉的，这样在经营管理方面也有经验，如果要进入陌生领域，事前也应该进行充分准备，不可贸然行事。企业在进行重大决策时，应建立一种集团决策机制，积极动用人才机制，不能也不应一个人说了算。企业在发展壮大的同时，内部的管理也应跟上，建立科学的管理机制是保证企业稳步发展的基础。企业的经营也应着眼于市场，不能盲目扩大经营范围、区域。另外，企业必须有一个长期的发展战略，如果四处出击，忽东忽西，就会把一盘棋走乱。但是企业的战略向何处移，发展的重心向何处倾斜，必须慎之又慎，三思而后行。

3. 巨人再起

史玉柱为自己制定了三项"铁律"：①必须时时刻刻保持危机意识，每时每刻提防公司明天会突然垮掉，随时防备最坏的结果；②不得盲目冒进，草率进行多元化经营；③让企业永远保持充沛的现金流。

此外，史玉柱还有一个最大的收获，那就是懂得了研究消费者。幸运的是，受到重创的史玉柱，除了缺钱外，似乎什么都不缺——公司20多人的管理团队，在最困难的时候依然不离不弃，没有一个人离开。而且史玉柱手上已经有两个项目可供选择：一个是保健品脑白金，另一个是他赖以起家的软件。

史玉柱算了一笔账，软件虽然利润很高，但市场相对有限，如果要还清2亿元，估计要10年，保健品不仅市场大，而且刚起步，做脑白金最多5年。

1998年，山穷水尽的史玉柱找朋友借了50万元，开始运作脑白金。

手中只有区区50万元，已容不得史玉柱再像以往那样高举高打、大鸣大放，最终，他把江阴作为东山再起的根据地。江阴是江苏省的一个县级市，地处苏南，购买力强，离上海、南京都很近。在江阴启动，投入的广告成本不会超过10万元，而10万元在上海不够做一个版的广告费用。

这几乎是最后的机会，他别无选择，必须一击中的。

启动江阴市场之前，史玉柱首先做了一次"江阴调查"。他戴着墨镜走村串镇，挨家挨户寻访。由于白天年轻人都出去工作了，在家的都是老头老太太，半天见不到一个人。史玉柱一去，他们特别高兴，史玉柱就搬个板凳坐在院子里跟他们聊天，在聊天中进行第一手调查。

"你吃过保健品吗？""如果可以改善睡眠，你需要吗？""可以调理肠道、通便，对你有用吗？""可以增强精力呢？""价格如果合适，你愿不愿使用它？"

通常，这些老人都会告诉史玉柱："你说的这种产品我想吃，但我舍不得买。我等着我儿子买呐！"

史玉柱接着问："那你吃完保健品后一般怎么让你儿子买呢？"答案是他们往往不好意思直接告诉儿子，而是把空空如也的盒子放在显眼的地方进行暗示。

史玉柱敏感地意识到其中大有名堂,他因势利导,后来推出了家喻户晓的广告——"今年过节不收礼,收礼只收脑白金"。

这则广告无疑已经成了中国广告史上的一个传奇,尽管无数次被人诟病为功利和俗气,但它至今已被整整播放了10年,累计带来了100多亿元的销售额,这两点的任何一点都足以让它难觅敌手。

在脑白金上市前,史玉柱与300位潜在消费者进行了深入的交流,对市场营销中可能遇到的各种问题摸了个通透。终于,史玉柱心里有底了,他信心十足地在公司对大家说:"行了,我们有救了。脑白金这个产品年销售额很快就能做到10个亿。"

脑白金在江阴市场的正式启动是以大赠送形式进行的。首先向社区老人赠送脑白金,一批批地送,前后送了10多万元的产品,慢慢地形成了回头客,不少老人拿着脑白金的空盒跑到药店去买,越买不到,老人们问得越起劲。

正当药店为只见空盒不见经销商上门的脑白金而犯愁时,脑白金的广告便"闪亮登场"了,于是,"款到提货"一开始就成了脑白金销售的市场规矩,江阴市场就这样被打开了。

1998年5月,史玉柱把赚到的钱投入无锡市场。他先打脑白金的销售广告,然后谈经销商,同样要求一手交钱一手交货,开始时经销商不接受,但史玉柱一边谈,一边不停地打广告,慢慢地也就有经销商开始付款提货了。

第二个月,史玉柱在无锡又赚了十几万元,史玉柱拿着它去启动下一个城市。几个月里,南京、常熟、常州以及东北的吉林,全部成了脑白金的早期根据地。星星之火,可以燎原,到1998年底,史玉柱已经拿下了全国1/3的市场,月销售额近千万元。

企业 管理 策略

  1999年春天,史玉柱和他的团队悄悄来到上海,"隐居"在上海市肇嘉浜路的金玉兰广场。每天深夜,他便戴上墨镜和部下跑在楼下那个叫"避风塘"的小吃店里吃夜宵。在"避风塘",史玉柱谋划了一个又一个策略,在中国保健品市场刮起阵阵飓风。到1999年底,脑白金便打开了全国市场。

  2000年,公司创造了13亿元的销售奇迹,成为保健品的状元,并在全国拥有200多个销售点的庞大销售网络,规模超过了鼎盛时期的巨人。

  三年不到,史玉柱又重新站了起来。2000年秋天,他做了一个轰动一时的决定,悄悄还了所欠的全部债务。

  无债一身轻。2001年2月3日晚,史玉柱因还债"义举"而接受采访,他终于堂堂正正地递出了自己的名片,从1997年"巨人倒下"后,他一直没用过名片;他也终于可以摘下自己的墨镜,昂首挺胸在大街上行走了,再也不用担心别人认出他是史玉柱。

  "阔别江湖,销声匿迹"的日子终于结束了。这天,史玉柱想起了这几年发生的很多事情。1997年,他在西藏开车时突然遇到塌方,车头被埋进了石头堆,巨石砸碎车窗玻璃,贴在面前,再差几厘米人就完了;1999年在安徽黄山附近,车以120公里的时速摔入7米深的山谷,他又一次奇迹般地活了下来,不过在脸上留下了永远的"纪念"……

  这天,他还在心里默默感谢了很多人,困境中依然肯借钱给他的朋友,多年一直患难与共的老部下,一起打拼的员工和经销商……他还特别想感谢一个人,1998年上半年脑白金即将上马,有一天他出差到无锡,没钱住酒店,只能住30元一晚的招待所,一位女服务员认出了他是史玉柱,但并没有讥讽他,相反还送了他一盘水果,鼓励他从头再来。

很多企业把如何留住人才作为头等大事，诚然，留住人才已经成为很多公司降低成本、提高效率、提升业绩的最关键原因之一。培养一个新员工不仅要花费时间、精力，而且需要支付工资，最关键的是培养好的员工好不容易可以上岗、能得心应手地工作，一不小心就会被猎头挖去或自己离职。

4. 巨人的人力资源战略

（1）明确目标人才定位

建设一支金字塔式、多层次、复合性、高效能的团队：第一层是擅长资本运营、有经营管理专长的精英；第二层是既能写又能说，并且有动手能力的复合型经营管理人才；第三层是敬业爱岗、有一定专业知识、具有较强动手能力的专业骨干。

（2）转变人力资源开发理念

从"子弟兵式"原始和简单的培训转变为建立现代的人力资源制度。公司视人力资源为最大财富，坚持"以人为本，唯才是举，努力实现人力资源价值最大化"的理念，追求企业发展与个人发展的完美结合。公司将为每位新员工量身定做符合自身发展的职业通道，提供丰富的技能与管理类培训，不断沉淀每位员工知识层面的含金量。公司致力于持续挖掘、开发、提升员工的潜能，采用科学先进的轮岗和培训制度，定时、定量、定向地将优秀苗子培养成复合型人才，让员工成长为行业精英、社会栋梁。

（3）人才团队构建

挖：主要是针对中高级人才，即最上层。

招：公开向社会招聘，主要是第二、第三层人才。

养：自我公司培养，使一些人才进行升级。

结：通过与别人合作，使别人的人才为我所用。

5. 史玉柱对付人才流失的办法和建议

其一，对公司前景是否认同。公司前景是指公司领导层的发展方向，多数企业人才流失是因为企业员工看不到工作的方向或者感觉公司的前景不够明朗。一个公司如果可以把员工的激情和奋斗目标与公司的理念相结合，那就非常成功了。比如，马云曾说过：你不是在为阿里巴巴打工，而是在完成自己的心愿。能让一个普通的员工也有公司的使命感，是一件非常重要也非常有成就感的事。所以请首先了解你的员工对公司的前景是否认同，或者有什么其他想法。

其二，对个人空间是否满意。有志向的员工都会有自己的想法，如果企业把一个立志当将军的兵一直安排在一个非常简单的岗位，那就有可能出现流失的情况。韩信就是一个非常好的例子，当初萧何向刘邦举荐韩信后，刘邦只给了韩信一个看粮仓的小官。于是韩信一气之下便选择离开，后来因为"萧何月下追韩信"，才让韩信重返刘营，并为刘邦打下了江山。管理也一样，我们要询问员工对自己的空间是否满意，并仔细考察员工是否有志向，若有想法又能结合行动，就应当委以重任，人才自然不会流失。

其三，对个人收入是不是有意见。工作除了提升能力，就是为了养活自己和妻儿老小。在多数情况下，员工在感觉自己付出的和得到的并不成正比时，才下定决心离职。当然，这部分中也有一些是并没有什么能力，只是自以为是的人，但千万不要把所有因为待遇不够好而离职的员工都当成这样。如果经过考察可以胜任，付出多少，完全可以考虑给他增加工资或奖金，以此吸引员工更加卖力地工作。"食不饱，力不足，才美不外见"，想想你是否让所有类似于千里马的员工吃饱喝足？

如果以上三点都跟员工谈妥，一般情况下人员流失的可能性就非常小，即使流失也是那些无关痛痒的员工，核心的管理层和公司的"顶梁柱"会比较稳定。

富士康 员工已经几连跳？

富士康是以台湾鸿海精密工业股份有限公司为主的跨国性企业，成立于1974年2月，1998年开始在中国大陆地区开辟各占1500亩的龙华与昆山两大工业园区，成为3C（电脑、通信及消费性电子产品）产业前十大公司产销供应链中的优良生产与运筹供应商。对以消费电子产品为主导、以代工商业模式经营的富士康来说，必须实行"三高一低"运营战略，即高交货速度、高品质、高柔韧性和低成本。以人海战术24小时轮班，多品种、多批次批量生产，快速转换（产品生命周期比较短），从接单到交货一气呵成，让客户抢得先机。富士康因此打败了日美企业，成为全球代工大王。富士康有一个显著特点：每个岗位都是整个公司大机器上的零件，工序简单重复但必须是"乐此不疲"地按部就班；其管理模式基本上是准军事化或军事化，严格的层级制和纪律性，高压力、高服从使得员工的工作行为严重缺乏"自由和个性"。

2010年始，富士康接连发生了12起"自杀"事件，迅速地引起了国人的关注，在国人的心头留下了阴影：为什么在短短不到半年的时间里，会出现12起"自杀"事件？原因何在？怎样解决？

1. "富士康事件"的原因

（1）社会转型期带来的企业员工压力过大

我国社会正处于转型期，社会结构的变化、利益的重新调整、信息的急剧膨胀、生活节奏的加快、各种思潮的冲击等，使人们的思想、观念、心理、行为都发生了一系列变化，尤其是企业员工的工作压力越来越大，过高的工作压力自然会导致患病率乃至死亡率的上升。

（2）富士康缺乏对员工的人文关怀

一些管理专家在求解富士康频繁的重大意外事件时认为，这是人性关怀和人文关怀缺少导致的。比如，富士康85%以上的员工为80后、90后，自我意识很强，平时沉迷于网络的虚拟空间，与身边的同事、朋友沟通少，缺少一个联系情感的纽带和非正式亚文化组织，而公司又缺乏这种沟通交流甚至工作压力发泄的平台。

清华大学社会学教授罗家德长时间调研类似于富士康这样的高科技代工企业。罗教授认为，富士康文化是一种男性文化、刚性文化，比较没有那种体贴、细腻、温柔的感觉，或者说是一种军队文化。他说：“这种军队文化可能还适合工厂管理，但已经不适合80后、90后了。”

从管理架构、管理机制与模式上看，富士康并没有什么大问题，问题出在其对管理要素的具体管理行为上，确切地说是对"人"这一管理要素的具体管理上缺失有效的手段和方法，没有随"人"的管理需求变化而变化。60后、70后、80后、90后分别从极端的物质追求到事业追求再到个体自尊心追求，需要的是"世移时移，变法亦移"，而不是"一招鲜，到永远"。

富士康文化中的核心竞争力是五大产品策略：速度、质量、工程服务、弹性、成本；反复宣传三种理念：成本、纪律和学习。为了追求低成本和高效率，富士康造成了员工加班过多的局面。

《劳动法》规定每月可加班的最长时间是36小时。但据富士康内部员工透露：富士康员工一般每月加班时间都在100小时以上。加上富士康是代工型制造企业，一线员工在流水线上进行长时间的简单重复劳动，使他们感觉像机器的一部分，就像一颗螺丝钉，看不到前途，看不到希望。

(3) 企业工会没有起到应有的作用

1994年12月，中华全国总工会十二届执行委员会第二次会议审议通过的《全国总工会关于贯彻实施〈劳动法〉的决定》指出："工会的存在之所以成为客观必然性，其根本原因就在于它作为工人阶级自己的组织，担负着维护职工合法权益的基本职责。"但是，富士康的员工工作时间长、工作压力大，直至出现了"12连跳"，在此期间，我们没有见到工会有力度的维权行为。

2. "富士康事件"的解决对策

(1) 政府应不断完善相关法律法规

企业应该对社会有一定的责任，假如企业不能做到对劳动者权益的保障，政府就应该设立对资本权力的制衡机制。同时，针对转型期的种种问题，政府也应积极面对，兼顾利益的分配，注重保护基层弱势劳动者的利益，缓解矛盾。

(2) 富士康管理制度应该更人性化

一是富士康的管理理念是仅仅把管理者当成简单的"经济人"。只求劳动报酬，忽略对劳动者人格尊重的管理方式，在当前，尤其是对80后、90后来说，显然是不被接受的。员工不仅仅有物质的需求，更有精神上的需求。企业无疑应对员工的生命、健康、成长负责，应站在劳动者的角度充分考虑劳动者的需求。譬如在加班问题上，富士康应严格按《劳动法》的要求，限定加班时间，并且提高基层工人的待遇。据消息称，富士康对此已做出初步反应，2010年6月2日对外发布了基层员工全体加薪的消息，对企业作业员、线长、组长薪资进行了调整，员工整体薪资水平提升30%以上。

二是公司层面要加强引导。在对工作行为管理的同时，对生活行为也要进行适当引导，总结归纳出什么样的生活方式、生活行为有助于工作行为的有效开展，鼓励、号召、影响员工建立、调整自己的生活行为，并融入公司的共性生活行为。比如，班前会主要解决工作中的问题；班后会主要解决工作压力对生活行为带来不利影响的问题。

三是员工个体也要学会压力释放。基层管理工作有两个核心：一个是发现和改进业务工作中的问题；另一个是发现和改观员工不良的工作情绪。国有企业基层党组织对后者的工作功不可没，因此富士康们可参考这一工作模式，视其情况设立专职或兼职"工作压力管理师"，帮助员工个体释放工作压力。

策略七 激励驱动

激励机制就是驱动力，每个企业都需要这样的驱动力。幸运的是，经济学家们对激励理论的研究已经很多，如需要层次理论、双因素理论、期望理论、公平理论与强化理论等。这些都是激励问题研究的瑰宝，值得我们去学习和实践。

——笔者

策略七 激励驱动

理论透析

激励就是驱动力

激励,像一块吸引人们不断前进的糖果,这颗糖果是光鲜亮丽、可口诱人的。企业在设计这颗糖果时必须考虑这是员工们所需要的。但是在运用这颗糖果的手段上,不能一直使这颗糖果是甜的,应时不时地掺杂苦的滋味。这样,员工就得想方设法使自己得到甜的糖果,因而也才能从侧面把企业这块"大蛋糕"做好。可以这么说,设计一项好的激励机制是一门艺术,充满了智慧和文化。

不管是华为,还是海尔,优秀的企业能得到今天在市场经济中的位置,良好的激励机制功不可没。激励可满足员工的需求,进而影响他们的动机。企业要让团队有激情,只在企业内部设立激励机制、创造激情的工作氛围是不够的,还要有愿意接受挑战、对工作满腔热忱、富有激情的员工。这需要企业在选人时就从员工自身品质出发,选到富有激情的优秀人才。如果一个员工本身不具备这样的性格,即使公司文化氛围再浓,培养也是徒劳无功的。因为从本质上讲,员工的激情更多的是天生的综合素质的一种体现,是自身品质、精神状态和对事物认知程度的一种外化表现,如果没有这些做后盾和基础因子,仅凭企业对该员工的培训,肯定是不行的。以《西游记》中的猪八戒为例加以说明,唐僧师徒四人所组成的"团队",愿景可谓非常明确,就是要抵达西天取得真经。猪八戒好吃懒做,天生愚钝,贪恋美色,遇到困难就要求散伙,他在取经这个"战略"上没有任何激情可言,哪怕唐僧天天口中诵经,对"团队"进行时时提醒、不断教诲(培训),亦对猪八戒不起作用,孙悟空以金箍棒进行惩戒,才得以一路督促他配合大家最终完成使命。由此可见,一个人工作的激情更多的是来自其自身的潜质,自我成就感、自我创新、自我超越等内在心态最为重要,后天培养充其量是锦上添花。

企业 *管理* 策略

在现实世界上，无论是国内企业还是跨国公司，在选人时，看中更多的是被招聘人员综合素质的高低和个人未来发展潜能的大小，譬如良好的职业操守、诚实正直、创新精神、积极主动性、工作的韧性和工作激情、良好的领导才能和团队合作精神等。美国西南航空公司就认为，要培养富有激情、能够融入公司、以客户为中心的文化的员工，从招聘时就必须严格，该公司的用人哲学是"态度最重要，本事靠培训"。隶属于世界500强英国翠丰集团的百安居，在雇佣员工时，非常关注员工是否有潜质成为部门经理或商店总经理，是否有能力和激情承担起更大的挑战。比尔·盖茨就说过这样的话：在我的公司里，我愿意雇佣有潜质和激情的人，而不是那些有经验的人，经验可以从后天进行的培训和实践中获得，而从长远来看，潜质更有价值。

企业要建立有效的激励机制不是一朝一夕的事，需要在不断的成功与失败中摸索经验，逐步完善的。它是企业实现战略性发展的基石。

华为 "华为狼"的激情

华为技术有限公司（简称"华为"）是一家总部位于广东省深圳市的生产销售电信设备的员工持股的民营科技公司，于1987年由任正非创立，是全球最大的电信网络解决方案提供商、全球第二大电信基站设备供应商。华为的主要营业范围是交换、传输、无线和数据通信类电信产品，在电信领域为世界各地的客户提供网络设备、服务和解决方案。在2011年11月8日公布的2011年中国民营500强企业榜单中，华为名列第一。同时，华为也是世界500强中唯一一家没有上市的公司，也是全球第六大手机厂商。

华为在 1987 年的起步资金只有 2 万元，为何能在短短的 20 多年间跻身世界 500 强，难道只是凭它的运气？到 2010 年，华为产值达到 240 亿美元，全球员工 11 万人，这是什么原因？

诚然，华为的成功不仅仅得益于它与时俱进的科技，先进的管理也功不可没。尤其是在员工激励方面，华为做得尤为突出，华为昂扬的士气也是华为最大的底气。

华为有效的激励制度得益于它独具魅力的企业文化，即"狼性"文化。笔者在本书中详细地阐述过什么是"狼性"文化，其核心是互助、团结协作和集体奋斗，这是华为企业文化之魂。再者，华为一直强调企业就是"家"的理念，让员工时刻能感受到是在为自己的家服务。

1. 直接的刺激物

（1）国内少有的高工资制度

华为是中国员工收入最高的公司，华为的高薪一方面使得优秀的人才聚集，另一方面也留住了人才并充分调动了人才的积极性。应届本科生起薪 4000 元，硕士生税前 5000 元，进公司后 3~5 个月加一次薪，200~3000 元不等。同时，华为实行货币化福利，一是工资卡里的补助，根据工作地点不同，800~1000 元不等；二是将每月基本工资的 15% 作为退休基金。

（2）员工持股计划

仿佛这项计划很多企业也有。华为推行全员持股的制度，是对员工长期激励的有效方法。全员持股制度的推行使得企业和员工的关系得到了根本改变，员工对公司的归属感进一步加强，将自己视为真正的主人。华为员工历年获得的高分红就源于这项计划，红利的多少完全取决于企业的效益，这就使得全体员工都关心企业的发展，而不只是一味地关心个人的利益得失。

(3) 1+1+1 的激励机制

这一激励机制就是在员工的收入中,工资、奖金、股票分红的收入比例是相当的,共同构成员工的收入。在华为,员工的工资和待遇是非常高的,这是许多企业都做不到的。任正非是一个愿意与员工"同甘"的人,愿意把企业的利益分配给个人。这种激励制度对企业内部的员工具有很大的推动作用。他们为了企业的利益,为了个人的利益愿意付出,愿意为华为"卖命",从而使得华为不断向前发展。

(4) 双通道管理的晋升机制

华为打通了技术人员的上升通道和管理人员的上升通道,使得技术人员的职业生涯规划具有了持续性和美好的前景。去除了官本位的升职机制,员工上升通道打开了,于是才有了 30 岁的李一南神话,他进入华为第二年就成为公司最年轻的副总裁。

2. 间接的刺激物

(1) 精神激励

如荣誉奖、职权激励等,华为成立过荣誉部,专门为员工进行考核、奖评。只要员工有某个方面的进步,就予以一定的奖励。

(2) 员工福利

华为建立了完善的员工保障体系,除当地法律规定的各类保险外,还购买了以下各类商业保险:商业人身意外险、商业重大疾病险、商业寿险、商业医疗险、商务旅行险,并设置了特殊情况下的公司医疗救助计划。2011 年,华为全球员工保障共投入 45.34 亿元。

(3) 特殊员工管理流程

华为建立了特殊员工管理流程,用于指导公司处于"四期"(孕期、产期、哺乳期、月经期)中的女员工以及具有某些生理缺陷或残疾等特殊员工的劳动用工管理，目的是保证华为遵守国家及地方相关法律法规，保护特殊员工的身心健康和权益。

（4）海外本地员工

华为根据员工对企业的贡献以及在华为的工作年限，为员工提供激励。若任海外代表处重要管理岗位或关键专业技术岗位的本地员工符合职级、工作年限及绩效要求，将被授予贡献服务奖。

（5）健康体检与疾病预防

华为为员工免费提供体检，包括新员工入职体检、员工年度体检、职业健康体检以及海外员工体检等，并提供专业通道，为员工解读体检报告，对体检中发现的健康问题进行跟踪和指导。华为还系统地识别接触职业病危害因素的岗位，根据法规要求对这些岗位进行标准化管理，安排员工参加职业健康体检，全年没有职业病发生。

（6）提供持续的开发培训

华为实行在职培训与脱产培训相结合、自我开发与教育开发相结合的开发方式，让员工素质适应企业的发展，同时充分让员工有机会得到个人能力的提高。每年华为都要派遣大量的管理人员、技术人员到国外考察、学习、交流，优化重要领域的人员素质，为有进取精神的人才提供优厚的提高知识和素质的机会，并且这个机会是当前高素质人才最看重的，有着很强的激励效果。

3. 百密有一疏

在华为，有个特殊的人群，那就是知识型员工，他们是知识、资讯和科技的综合体，他们十分在意实现自身的价值，渴望得到组织和社会的承认和尊重。他们具有专业特长和较高的素质，充满了自主性和创造性，不盲从权威，注重团队协作和同事的关系，但是他们的流动性很高，进而工作过程很难控制。因此，华为固有的激励制度对这类员工来说应做相应调整。竞争压力过于强大挤占了他们家庭生活的时间，末位的淘汰制降低了员工的稳定感，进一步影响了他们的归属感，加之福利制度缺乏体现关怀员工的措施，相对封闭和不透明的管理模式抑制了知识型员工自主化的需求和人际关系的需求，固化的组织文化（潜规则）也带来了不少影响。所以，笔者认为华为这方面应实现"人性化"管理，满足员工工作与生活的平衡。针对员工压力过大的问题，可以设立专门为员工提供心理咨询服务的部门，加强各级主管的心理学培训，及时发现员工的思想问题，做出应对策略；加强开发式、人性化的关怀管理，同时建立有的放矢、丰富多样的福利制度；鉴于知识型员工的独立性和差别性特点，可对其采取菜单式福利激励，包括津贴、假期、服务等；构建平等尊重的管理风格，营造关怀员工的工作氛围。这样，保证知识型员工的长足发展是对华为多有裨益的。

当然，华为的激励机制也有不足的地方。华为的前高层刘平将老东家告上法庭。此次诉讼的主题是华为的内部员工股权，这使华为的"全员持股制度"第一次受到质疑。这样，华为的发展根基开始出现动摇。同时，华为的精神激励建立在对任正非的个人崇拜上，而不是建立在对企业文化和企业愿景的认同上，这是一种不正常和不稳定的精神激励，因为企业并不等同于CEO。按照《深圳市公司内部员工持股规定》："持股满3年的员工脱离公司和持股不满3年调离、退休、死亡职工所持股权，按公司上年末相应股权的账面净资产计算。"然而，华为却根据1:1的比例来兑现职工的原始股。任正非在华为通过他的个人权威和煽动性的写作，启发着员工的创业激情，但这是一个危险的信号，一旦员工对他失去信任，华为就会"树倒猢狲散"。同时，这是一种短视行为，因为一个企业最终还是要靠企业文化和企业愿景来延续的。个人崇拜，在创业时期是有效的，但在守业时期是一种对企业未来有害的精神激励。

但不管怎样，华为的激励机制体现了企业的用人之道，其中渗入了企业的价值观念和经营理念。颇有成效的激励机制调动了华为员工的工作热情，华为认为员工是企业核心竞争力的生命和源泉，是华为跟随世界先进技术和局部技术领先及市场竞争中胜出的核心力量。他们对事业的敏感、对事业的追求及团结奋进的精神，正是狼性文化的再现，华为今天的核心竞争力就是这群"华为狼"奋发的功绩。

海尔 让员工"永葆青春"

说起激励机制，许多管理者马上就会想起考核和奖励制度，其实说到底，激励机制就是奖罚制度。一个企业是否有合理健全的奖罚制度，决定着一个企业的盛衰。综观目前比较著名的品牌企业，无不是在这方面做得非常好。海尔集团从一个名不见经传的濒临破产的小企业成为世界一流的大企业，成功的秘诀之一就是激励机制的运用和发展。没有一个企业的激励机制是一成不变的，它必须在发展的基础上再发展，在一些体制上更新再更新。有数据表明，部门员工一般仅需发挥出20%～30%的个人能力，就足以保住饭碗而不被解雇；如果受到充分激励，其工作能力能发挥出80%～90%，其中50%～60%的差距是激励的作用所致。

现在的企业大部分建有自己的激励机制体系，这个体系是复杂和庞大的，除了管理制度之外，还包括诸如超产奖、质量奖、小指标奖、劳动竞赛奖、逢年过节的各种福利、外出疗养、先进生产者的评选等，它覆盖的范围是多方面的，执行起来也是面面俱到的。

但是这么多的激励制度并不能代表一个企业就可以发展壮大，

正像海尔集团，只有建立在科学基础上的激励机制，才能够调动员工的积极性，否则，再多的制度文本也会成为废纸。海尔认为，人力资源是企业最宝贵的资源，如果每个人的潜能发挥出来，每个人都是一个太平洋，都是一座喜马拉雅山，要多大有多大，要多高有多高，所以盘活企业，首先是盘活人。盘活人重要的是激励和约束，只有机制到位，才能充分发挥人的积极性和潜能。下面介绍海尔的独特激励机制。

1. 海尔的"斜坡球"理论

海尔提出了著名的"斜坡球理论"。海尔从斜坡上滚动的小球这一极普通的生活现象中，悟出了企业人才发展的规律——斜坡球发展理论：斜坡上的球体好比一个员工个体，球周围代表员工发展的舞台，斜坡代表着企业发展规模和商场竞争程度。根据"斜坡球"理论，海尔的用人机制是"人人是人才，赛马不相马"。相马是将命运交给别人，而赛马则是将命运掌握在自己手中。具体来说，"斜坡球"理论表现在以下几个方面。

（1）"三工并存，动态转换"

"三工"即优秀工人、合格工人、试用员工。海尔用工改革的思路是，干得好可以成为优秀工人；干得不好，可随时转为合格工人或试用人员。这种做法有效地解决了"铁饭碗"的问题，使企业不断激发出新的活力。

由此可见，海尔非常重视在企业内部为员工创造竞争的环境。"生于忧患，死于安乐"，这是海尔总裁张瑞敏经常告诫员工的一句话，也是海尔文化的核心内容之一。在海尔企业内部传阅着两幅主题为"适者生存"的漫画。一幅是老鹰喂食。老鹰是所有鸟类中最强壮的种族，根据动物学家所做的研究，这可能与老鹰的喂食习惯有关。老鹰一次孵出四五只小鹰，由于它们的巢穴很高，所以猎捕回来的食物一次只能喂给一只小鹰，老鹰的喂食方式并不是依平等的原则，而是哪个小鹰抢得最凶就给谁吃，在此情况下，瘦弱的小鹰吃不到食物就死了，最凶狠的那只存活下来，代代相传，老鹰一族越来越强壮。另一幅是狮子与鹿对话的漫画。狮子说："我非常强壮，但如果我不奔跑捕食，明天就会和鹿一样软弱无力。"鹿则对狮子说："由于有了你，才使我的生命遇到了威胁，为了不让你追上我，我必须不停地奔跑。"这两幅漫画告诫海尔所有员工：当今社会就是一个适者生存的社会，如果没有强烈的危机感和竞争意识，必将成为失败者；倘若一个企业无适当的竞争制度，常因小仁小义而耽误了进化，在竞争的环境中将会遭到自然淘汰。不管是强者还是弱者，都要努力工作。

（2）实行定额淘汰

定额淘汰即每年必须有一定比例的人员被淘汰，以保持企业的活力。其原则是，充分发挥每个人潜在的能量，让每个人每天都能感受到来自内部竞争和市场竞争的压力，又能够将压力转化为竞争的动力，这是企业持续稳定发展的秘诀。

（3）富有特色的分配制度

薪酬是重要的调节杠杆，在企业管理中起着重要的导向作用。薪酬原则是，对内具有公平性，对外具有竞争性。高素质、高技能获得高报酬，人才的价值在分配中得到体现。员工的薪酬体系不仅是单纯的货币工资，而且包括住房、排忧解难等其他隐性收入。

2. 正负强化相得益彰

正强化和负强化是依据强化理论的原理而采取的激励制度，在企业中运用得比较多。正强化激励是当一个人的行为符合社会的需要时，通过奖赏的方式来鼓励这种行为，以达到持续和发扬这种行为的目的。负强化激励是当一个人的行为不符合社会的需要时，通过制裁的方式来抑制这种行为，以达到减少或消除这种行为的目的。正强化是从正方向予以鼓励，负强化是从反方向予以刺激，它们是激励中不可缺少的两个方面。俗话说："小功不奖则大功不立，小过不戒则大过必生。"讲的就是这个道理。在实际工作中，只有做到奖功罚过、奖优罚劣、奖勤罚懒，才能使先进受到奖励、后进受到鞭策，真正调动起人们的工作热情，形成人人争先的竞争局面。如果良莠不分、是非不明，势必造成"干多干少一个样、干与不干一个样"的不良局面，使激励无的放矢，得不到好的效果。所以，只有坚持正强化与负强化相结合的方针，才会形成一种激励合力。正强化是主动性激励，负强化是被动性激励，就两者的作用而言，正强化是第一位的，负强化是第二位的，所以在激励中应该坚持以正强化为主、以负强化为辅的原则。

　　海尔在正负激励方面做得比较成功，比如，海尔开始宣传"人人是人才"时，员工反应平淡。他们想：我又没受过高等教育，当个小工人算什么人才？但是，在海尔的奖励制度中，有一项叫"命名工具"，这些被改良后的新工具的发明者都是在一线的普通工人，如工人李启明发明的焊枪被命名为"启明焊枪"，杨晓玲发明的扳手被命名为"晓玲扳手"。张瑞敏看到了普通工人创新改革的深远意义，并想出了一个激励员工创新的好措施，即用工人的名字来命名他们的创新工具。这一措施大大激发了普通员工在本岗位创新的激情，后来不断有新的命名工具出现，员工以此为自豪。并且由企业文化中心把这些事作为故事登在《海尔人》报上，在所有员工中传开之后，工人中很快就兴起了技术革新之风。对员工创造价值的认可，是对他们最好的激励，及时的激励和更大的上升空间，能让员工觉得工作起来有盼头、有奔头，进而也能让员工创造更大的价值。

一正一负、一奖一罚的激励机制,树立了正反两方面的典型,从而产生无形的压力,在组织内部形成良好的风气,使群体和组织的行为更积极,更富有生气,激励的这两种手段,性质不同,但效果是一样的。从管理的整体看,奖(正激励)惩(负激励)必须兼用,不可偏废。只奖不惩,就降低了奖励的价值,影响奖励的效果;只惩不奖,就会使人不知所措,人们仅知道不该做什么,却不知道应该做什么,甚至还可能由于人们的逆反心理而产生反作用。所以,必须坚持奖惩结合的制度。

3. 强化培训,创造机会

海尔认为,没有培训过的员工,是负债;唯有培训过的员工,才是资产。为此,海尔为员工创造各种学习机会,进行以市场拓展为目标的各种形式的培训,以提高员工的能力和素质。

通过培训,能够使员工在思想上和行为上与公司的战略发展高度统一;通过培训,让员工认同企业文化,处处以企业的核心价值观为导向。例如,部队的军事化训练从行为入手,新兵入伍后,一切生活方式和行为都要按照部队的标准,当行为达到高度统一时,思想上潜移默化地就形成了统一。而企业的培训是先让员工在思想上与企业的思想实现统一,进而实现工作行为与企业的战略目标相一致。以往的一些企业只注重员工专业技能的培训,这充其量只能把员工培养成在一线生产的技术工人,而在当今这个以知识为标志的经济时代,企业更需要的是复合型人才。所以,企业不但要为员工提供专业知识的培训,而且要告诉员工当今时代发生了什么样的变化,要时刻有危机感,要时刻有"永远战战兢兢,永远如履薄冰"的心态。

海尔的激励模式使我们意识到,一个企业纵然有雄厚的资金

企业 管理 策略

做后盾，有具备市场竞争力的高新技术，但如果不能充分地调动员工的积极性和创造性，把员工看成只会工作不会思考创新的机器，在管理过程中对员工进行"高压式管理"，从而使得员工一味机械化、被动式地为了完成工作而工作，是根本不可能实现效益最大化的。企业唯有通过为员工营造积极向上、富有激情的工作环境，并且设立具有实际意义的激励机制，才能使员工在工作过程中变被动的服从为主动的创新，摆脱旧有的"干活都是给企业干的"观念，转变为"在企业所做的所有工作都是为自己干的"观念。

附录　企业管理小贴士：八大激励模式让你的员工更有活力

1. 目标激励

行为学家认为，人的动机多起源于人的需求欲望，一种没有得到满足的需求是激发动机的起点，也是引起行为的关键。因为未得到满足的需求会造成个人的内心紧张，从而导致个人采取某种行为来满足需求以解除或减轻其紧张程度。目标激励就是把企业的需求转化为员工的需求。为了解除这一需求给他带来的紧张，他会更加努力地工作。在员工取得阶段性成果的时候，管理者还应当把成果反馈给员工。反馈可以使员工知道自己的努力水平是否足够，是否需要更加努力，从而有助于他们在完成阶段性目标之后进一步提高他们的目标。运用目标激励必须注意三点：一是目标设置必须符合激励对象的需要，即把激励对象的工作成就同其正当的获得期望挂钩，使激励对象表现出积极的目的性行为。二是提出的目标一定要明确。比如,"本月销售收入要比上月有所增长"这样的目标就不如"本月销售收入要比上月增长 150%"这样的目标更有激励作用。三是设置的目标既要切实可行,又要具有挑战性。目标过高,让人可望而不可即;目标过低,影响人们的期望值,难以催人奋进。无论目标客观上是否可以达到,只要员工主观认为目标不可达到,他们努力的程度就会降低。目标设定应当像树上的苹果那样,站在地上摘不到,但只要跳起来就能摘到。正确的做法应将长远目标分解为阶段目标。

2. 物质激励

物质激励就是从满足人的物质需要出发,激发人的向上动机并控制其行为的趋向。物质激励多以加减薪、奖罚款等形式出现。在当前社会经济条件下,物质激励是激励不可或缺的重要手段,它对强化按劳取酬的分配原则和调动员工的劳动热情有很大作用。

3. 情感激励

情感激励既不是以物质利益为诱导,也不是以精神理想为刺激,而是指领导者与被领导者之间的以感情联系为手段的激励方式。每一个人都需要关怀与体贴,一句亲切的问候,一番安慰话语,都可成为激励人们行为的动力。运用情感激励要注意情感的两重性,积极的情感可以增强人的活力,消极的情感可以削弱人的活力。情感激励主要是培养激励对象的积极情感。其方式很多,如沟通思想、排忧解难、慰问家访、交往娱乐、批评帮助、共同劳动、民主协商等。只要领导者真正关心、体贴、尊重、爱护激励对象,通过感情交流充分体现出"人情味",激励对象就会把对他的真挚情感化作自愿接受领导的自觉行动。

4. 负激励

根据美国心理学家斯金纳的激励强化理论,可以把激励行为分为正激励与负激励，也就是我们通常所说的奖惩激励。所谓正激励，就是对个体符合组织目标的期望行为给予奖励，以使这种行为更多地出现，提高个体的积极性。所谓负激励，就是对个体违背组织目标的非期望行为给予惩罚，以使这种行为不再发生，使个体积极性朝正确的目标方向转移。在组织工作中，正激励与负激励都是必要而有效的，因为这两种方式的激励效果不仅会直接作用于个人，而且会间接地影响周围的个体与群体。通过树立正面的榜样和反面的典型，扶正祛邪，形成一种良好的风范，就会产生无形的正面行为规范，比枯燥的教条和规定更直观、更具体、更明确，能够使整个群体的行为导向更积极、更富有生气。

5. 差别激励

人的需求包括生理需求、安全需求、社会需求、尊重需求和自我实现需求等若干层次。当一种需求得到满足之后，员工就会转向其他需求。由于每个员工的需求各不相同，对某个人有效的奖励措施可能对其他人就没有效果。管理者应当针对员工的差异对他们给予个别化奖励。比如，有的员工可能更希望得到更高的工资，而另一些人也许并不在乎工资，而希望有自由的休假时间。每个人都有自己的性格特质，员工的个性各不相同，他们从事的工作也有所区别。与员工个性相匹配的工作才能让员工感到满意、舒适。

6. 公平激励

公平激励源出于美国心理学家亚当斯的公平理论。这一理论认为，下属的工作动机和积极性不仅仅受自己绝对报酬的影响，更重要的还受相对报酬的影响。下属总会把自己的贡献和报酬与一个和自己相等条件的人的贡献和报酬相比较。在现实社会中，不公平的现象较多。公平激励就应积极减少和消除不公平现象，但正确的做法不是搞绝对平均主义，而是领导者要做到公平处事、公平待人，不搞好恶论人，亲者厚、疏者薄。如对激励对象的分配、晋级、奖励、使用等，要力争做到公正合理，人人心情舒畅。

7. 信任激励

信任激励就是领导者要充分相信下属，放手让其在职权范围内独立地处理问题，使其有职有权，创造性地做好工作。古人说："疑则勿任，任则勿疑。"现代领导活动中的用人不疑更是重要的用人原则。应用信任激励，要注意三点：一是用人不疑的对象必须是德才兼备、在工作上能放心放手的人才。对那种投机钻营的"奸臣"和平庸无能的"草包"，切不可轻信重用，否则贻误大事。二是切忌轻信闲言碎语。现实社会上，有爱才、荐才之士，也有妒才、诬才之徒。领导者一定要头脑清醒，是非分明，以免影响人才的智慧和创造性发挥。三是授以权职之后，必须让其放手工作，不要横加干涉，否则就谈不上真正的信任和授权。只有这样，才能让被任用者产生最佳心理，以激励他们充分发挥主观能动作用。

8. 心智激励

下属的潜能不被激励，藏着就是无能，而下属的潜能对领导者来说是没有用的，领导者需要的是下属的效能，而不需要下属的潜能。因此，领导者应将下属的潜能进行激发，使之变成效能。这种对心的激励可以带来智力、智慧和创造力的开发，激励心与激励智要结合起来。

策略八 完善内控机制

  高速奔驰的列车，仅有加速系统没有刹车系统会出问题；企业如果仅有激励机制而缺乏完善的监督机制，同样会导致企业的破产。本部分尝试从内部监督机制失灵角度对巴林银行、雷曼兄弟等案例进行分析，希望读者能有所悟。

——笔者

内控机制不可少

理论透析

巴林银行倒闭案、雷曼兄弟的悲剧、海南发展银行的破产以及银广夏的倒下，给我们很多启发。仅就雷曼兄弟而言，从公司治理的角度需要反省的很多，如职业经理人过高的薪酬水平是否是诱发其短期逐利、盲目创新的万恶之源？在提出金融创新方案后，事前公司董事会是否对其风险进行过科学评估？事后是否对这些风险采取有效防范措施？证监部门是否监督到位？等等。

通过上述案例，在内部控制方面建议如下。

一是要不断完善内部控制环境。企业要提高对控制环境的认识。企业控制环境是实行内部控制的前提和基础，直接影响到企业内部控制的贯彻和执行及企业内部控制目标的实现，是企业内部控制的核心。完善企业内部控制环境，首先必须完善监事会制度。监事会是强制治理机构，依法监督企业按章程规范化运作，如监督企业建立健全分工负责制，明确职权，落实责任，监督企业将不相容职务严格分离，并实行回避制，建立轮岗制度等。其次要完善人事政策，要建立与市场经济相适应的企业经营管理者选拔任用机制。

二是要加强风险控制意识，完善风险评估机制。企业的内部控制制度必须重视企业内外的各种风险，如财务风险、经营风险等，企业只有在充分认识各种风险，设置风险管理机制，才能增强避险和抗险能力，才能在竞争日益激烈的市场中立于不败之地。

三是要完善信息披露制度，建立良好的信息沟通系统。信息披露制度是保护投资者利益、提高证券市场效益的重要措施，我国上市公司在信息披露中存在许多问题，如信息披露不真实，信息披露不充分、不及时等。存在的这些问题是各方面的原因造成的，但与我国信息披露监管不严、监管不及时有很大关系。为完善我国相关信息披露制度、加强对信息披露的监管，必须完善我国有关信息披露的法律制度，健全信息监管的组织结构和功能，加大信息违法处罚力度，严惩违法违规行为。

四是要加强内部审计，完善内部审计职能。要确保内部控制制度切实执行且执行效果良好，确保内部控制能随时适应新情况，内部控制必须被监督。执行监督职能的就是内部审计机构，内部审计必须保持较强的独立性。巴林银行的破产就是与内部审计的失灵有关。

巴林银行 一名员工也能蚍蜉撼树

企业内部控制是管理现代化的必然产物。内部控制是指被审查单位为了保证业务活动的有效进行，保护资产的安全和完整，防止、发现、纠正错误，保证会计资料的真实、合法、完整，而制定和实施的政策和程序。企业的内部控制贯穿于企业经营活动的各个方面，健全、有效的内部控制是抵御和防止各种会计错弊行为的有力武器。20世纪90年代以来，随着国内外一些有名企业的财务造假丑闻的曝光，如何通过促进企业内部控制体系建设并有效运行来规范企业财务行为，成为全球的一个共同课题。内部控制制度的有无、好坏及执行的有效性在很大程度上对防范企业财务造假具有重要意义。现实生活中因为企业内部控制制度缺失或虽存在但执行不力而给财务造假造成可乘之机，甚至为企业带来灭顶之灾的案例大量存在，曾经辉煌无比的巴林银行的倒闭就是一个非常典型的例子。巴林银行倒闭案虽然早已尘埃落定，但它留给人们的教训是深刻的，带给人们的思考是长久的。现在在财务造假和舞弊不断出现的情况下，再一次重温这一案例，将有助于我国企业进一步完善内部控制制度。

成立于1763年的巴林银行集团，拥有如英国女王伊丽莎白二世这样的显贵阶层客户，是英国伦敦城内历史最久、声名显赫的商人银行集团。1994年，巴林银行税前利润高达115亿美元，其核心资本在全球1000家大银行中排第489位。然而在欧洲金融界拥有举足轻重地位的巴林银行却因为内部控制的原因，最终栽在一个年龄只有28岁的员工尼克·里森之手。

里森是巴林银行的一个区级职员，他在负责巴林银行在新加坡的工作时，既是首席交易员，又是清算部经理。从1992年开始，他利用按巴林银行总部规定本该废止但他却私自保留的一个号为"88888"的账户，进行不受任何约束的期货交易，结果造成高达14亿美元的巨额亏损，最后透支的金额超出整个巴林银行几亿美元的资本，将整个巴林银行赔了个精光，导致这座曾经辉煌的金融大厦轰然倒塌。企业内部控制制度主要包括内部牵制和内部稽核两大部分。下面主要从这两个方面的三个角度分析巴林银行倒闭的原因。

1. 内部牵制制度缺失

内部牵制主要侧重于业务流程中的职能分解和人员的职能分工，以便形成相互制衡、牵制的机制。具体操作侧重于两个方面：一是职责牵制，在企业中合理划清职责并进行适当分工，使企业中每一个职位都有专人负责，每一人员都有明确的职责范围；二是分权牵制，在企业中将每一项业务乃至每一环节中不相容的职能予以分离，由两个或两个以上的部门或人员分别掌管，以避免由一个部门或人员单独处理某些业务的全部流程而给他造成可乘之机。在里森任职期间的巴林银行，没有将不相容的交易与清算业务分开，更谈不上回避，竟然允许里森既是首席交易员，又负责交易的清算工作，而在银行内部这两项业务是独立的，这就为里森作为交易员清算自己的交易额时隐瞒交易风险或亏损大开了方便之门，为他提供了瞒天过海的机会。这种制度上的缺陷是致命的。

内部牵制制度还要求企业建立轮岗制度。轮岗制度在防范和发现内部舞弊方面具有很大的作用，遗憾的是巴林银行没有建立轮岗制度，这导致里森在既是交易员又是清算员的职位上从1992年一直干到1995年巴林银行倒闭。在内部审计松散、形同虚设的情况下，轮岗在内部牵制上的作用尤其重要。正因为内部牵制制度缺失，里森才可以一直对巴林银行总部报喜不报忧，长期将"88888"账户中累积的亏损隐瞒，只将获利的交易上报，更可笑的是巴林银行高层却视里森为明星交易员，还尽可能满足里森的资金要求。

2. 内部审计监督不力

巴林银行内部虽有审计部门，但其只是调而不查，权威性极差，在里森违规操作期间，巴林银行的内部审计部门对其现象有所发觉且向管理当局出示过有关报告，但审计部门的行动也仅此而已，在没有引起当局的重视下就此搁置。截至1993年12月的15个月中，新加坡期货公司的交易活动造成的损失为1900万英镑，里森却上报获利900万英镑，如此谎报利润竟未被审计查出。里森为隐瞒损失，用剪刀、胶水和传真假造花旗银行有5000万英镑存款，内部审计竟然没去核实花旗银行的账目。1992年8月，巴林银行的一份内部审计报告认为，尽管里森的做法有风险，他的部门将加速侵蚀巴林期货的获利能力，但少了他，巴林的期货业务将缺少一个具有适当综合能力的交易员，即具有经验、关系、交易技巧和熟悉当地情况等品质的人。因此，就默许里森既担任期货交易经理又兼任清算部经理，自己监督自己。

3. 企业管理当局监管不到位

对任何控制系统的严重威胁是管理当局的不重视。对于一个设计良好的内部控制系统，如果管理者把它搁置一边，就等于没有内部控制。在里森进行违规交易所造成的损失达到5000万英镑时，巴林银行总部曾派人调查里森的账目，资产负债表也明显记录了这些亏损，但巴林银行高层对此视而不见，轻信了里森的谎言。针对巴林银行交易与清算业务这两种不相容业务没有分开的制度缺陷，1992年3月，巴林银行的一份内部传真也提出过警告："我们正处于一种可能造成灾难的危险境地，我们的制度缺陷将造成财务亏损，或失去客户的信任，或两者兼有。"同样，这份报告也没有受到重视。1994年7~8月，巴林银行内部审计报告提出了职责分开的具体建议，但这些仍未得到实施。从1993年底开始，对里森的专门交易负有责任的罗恩·贝克和作为股本产品部门负责人并对股本产品的风险承担责任的玛丽·沃兹，对新加坡期货公司的交易性质或是否可能获利都不真正了解。1995年1月11日，新加坡期货交易所的审计与税务部致函巴林银行，提出他们对维持"88888"号账户所需资金问题的疑虑，而此时里森每天要求伦敦汇入1000多万英镑追加保证金，但这仍没引起巴林银行高层的怀疑。1994年7月，资产负债表明显记录了里森的损失已达5000万英镑，但巴林银行高层对此仍视而不见，且巴林银行董事长彼得·巴林发表过一段评论，认为资产负债表没有什么用，因为它的组成在短期内可能发生重大的变化，管理高层的疏忽和监管不力是导致巴林银行倒闭的重要原因,而且也使三名高管受到法律惩处。

雷曼兄弟 短期逐利的恶果

雷曼兄弟控股公司成立于1850年,由德国移民亨利、埃马努埃尔和迈尔创建,迄今为止已有160多年的历史。雷曼兄弟的主要业务是为公司、机构、政府和投资者提供全方位、多元化的投资银行服务。雷曼兄弟总部设在美国纽约,并在伦敦、东京和香港设有地区总部。雷曼兄弟是全球最具实力的股票、债券承销和交易商之一,同时担任全球多家跨国公司和政府的重要财务顾问。

雷曼兄弟在2007年仍然表现良好,2008年第一季度有近5亿美元的赢利,第二季度首次出现赤字,花旗集团连续亏损两个季度,而雷曼兄弟更是从2008年第三季度出现亏损,四个季度累计亏损193亿美元。值得注意的是,直至破产保护前,雷曼兄弟的现金储备仍保持正常,其现金池也是四个投资银行中最高的,与股本金的比率高达5倍;另外,2008年上半年,雷曼兄弟的杠杆比率降到24倍,投资风险应该不会大于竞争对手。结果短短几个月的时间,雷曼兄弟就震撼人心地倒下了,其中的原因是复杂的,有金融衍生工具使用不当、监管缺失等,本文主要从内部控制五个要素的角度来进行分析。

1. 雷曼兄弟破产的主要原因

(1) 控制环境

有158年历史的雷曼兄弟破产,一个重要的原因是董事会没有发挥其真正的作用，重要决策由一个人决定。美国投资银行内部不设监事会，其董事会还兼有审计监督的职能。雷曼兄弟也是如此，企业的董事长查德·富尔德兼任企业的 CEO，董事长和 CEO 都由一人担任。引发本轮金融危机的房屋次贷产品，从最初的房屋抵押贷款到最后的担保债务凭证（CDO）等衍生产品，中间经过借贷、打包、信用增持、评级、销售等繁杂阶段，整个过程设计有数十个不同机构参与，信息不对称的问题非常突出。雷曼兄弟对高级管理人员都采用高工资、高奖金的办法作为短期激励，同时普遍运用股票期权等多种金融工具来强化中长期激励，这种奖金激励方式极大地助长了高管层的道德风险，为追求高额奖金和红利，无视审慎性要求，盲目创新业务。

（2）风险评估

由于雷曼兄弟转变传统投资银行经营范围，进入多角色的跨界经营模式，而且过高的经理人激励，促使各分公司、子公司大量操作风险业务，使得风险提高，导致在市场风险加大时资产结构的调节难度大大增加。另外，雷曼兄弟的研发能力在整个华尔街都是首屈一指的，雷曼兄弟的模型出来后，其他公司开始借鉴和模仿，因此也使得雷曼兄弟过分依赖其内在模型，而风险管理部门最重大的失误是过于依赖产品模型本身，而没有对输入模型的原始数据（违约概率及相关度）进行重新审核，错误的原始数据也使得模型产生了不切实际的结果。

（3）控制活动

雷曼兄弟在使用创新金融工具过程中缺乏有效的内部控制，出现大量授权审批不规范的现象，多数内部控制制度流于形式，并未得到有效实施。雷曼兄弟的资产结构其实早已隐藏着巨大风险，它是全球最大的美国抵押支持债券（MBS）承销商，其资产也主要是按揭贷款及与按揭贷款相关的债券,早就偏离了传统业务,并将杠杆机制用到极致。雷曼兄弟多次收购房贷公司实现业务上的扩张,成为华尔街在次贷危机以前打包发行房贷债券最多的银行。公司的高管以及风险管理委员会应该提早进行防范,拒绝在原有基础上把风险再扩大,但事实上,他们并没有采取任何措施,而是继续肆意地使用杠杆,享受高收益带来的快感。

(4) 信息与沟通

雷曼兄弟自身拥有很大一部分难以出售的债券,持有过多不良资产,与普通债券相比,并没有一个流通的市场去确定它们的合理价值,投行便会以市场上交易的类似产品为参照物,或者用自己的模型对其进行估价。由于不同的金融机构对类似产品的估价可能会因所用模型的不同、输入变量的差别而大大不同,这无疑加大了企业的风险,为了获取巨大的眼前利益,公司可能会利用估值技术的差别追求自身利益最大化。雷曼兄弟与市场信息不对称,高估自身的价值,在急需出售资产补充资本金时与投资者讨价还价,延误自救时机,直到破产前,公司对其持有的MBS以每美元85%进行账面减值,但市场早就不认为这些资产值这个价钱。

(5) 监控

雷曼兄弟的9个董事中有8个是外部董事,在公司管理层的监督约束中起着重要作用。公司的董事会下设审计委员会、薪酬委员会、提名委员会,这些委员会一方面协助董事会行使决策与监督,另一方面对公司内部管理的改善起着很重要的作用。然而在此次危机中,这些监控机构似乎都失效了,公司内部的监控机构也没有事先实施正确风险评价和进行必要的风险防范。

2. 我国内部控制建设的措施

（1）改善控制环境

雷曼兄弟的确是具有法人治理结构的，只是该结构形同虚设，在主要问题上还是 CEO 一人说了算。在改善控制环境时，必须明确公司股东大会、董事会、经理层的职责，在执行权力时要受到监事会的监督。企业还应重视独立董事的监督作用，而非只是担任企业的"花瓶"或顾问。应正确处理独立董事和监事会、董事会的关系，不断加强独立董事的独立性，使企业的风险防范于未然。

（2）加强风险评估

在企业中设置相应的风险管理岗位，对企业的风险进行有效识别和评估。企业也可以聘请风险评估公司，对企业的项目整体环节进行专项检查，提前识别风险，尽早采取防范措施。企业吸收、消化先进的风险管理理论，落实《内部控制基本规范》等法规要求，完善风险管理制度，构建科学风险管理机制，防止权力绕过制度，合理利用风险管理工具来识别、评估和管理风险，并对风险管理的效果进行监控十分必要，十分迫切。

（3）规范控制活动

企业应做好责、权、利分离的工作，完善授权审批制度。企业不仅要有审批制度，而且要注意审批的合理性，必须保证从制度上确保审批决策人能够得到合理、公正的审批权力，而不是受制于他人。企业应采取轮岗制，这样可以防止企业个人联合相关人员进行内部交易。

（4）完善信息沟通

信息不对称是造成管理层决策困扰的一大问题，企业应及时关注资本市场的变化和国家宏观调控政策的最新修订。股票市场是国民经济的晴雨表，企业不应"闭关锁国"，而应不断从外界获取信息。企业上下级员工的及时沟通，有利于快速发现企业底层员工存在的问题。同时，要做好与供应商、顾客的及时沟通。

（5）加强内部监督

内部审计是企业内部控制的重要组成部分，是企业内部监督实施有效进行的保障。企业应完善公司机构设置，在确保审计机构、人员和行动独立的同时，确保审计人员精神上的独立，界定管理当局的责任，明确风险管理和内部控制的各个行动步骤应有哪些管理人员负主要责任，实现责、权、利的统一，以确保及时有效地完成内部控制工作。

海南发展银行 ——开始就是个错误？

1998年6月2日，中国人民银行发布公告：鉴于海南发展银行无力支付到期债务，该行将于6月21日关闭，其债权债务交由中国工商银行海南省分行托管。这是新中国成立以来运用市场退出机制关闭的第一家商业银行，对我国尚未成熟的金融市场而言，其影响无疑是巨大的。成立未满三年就夭折的海南发展银行，究竟是如何走上这条不归路的呢？

1. 海南发展银行成立的背景及历史

海南省的金融业自1993年开始步入了一个井喷式的增长阶段，各项金融业务总额比1988年海南建省前扩大了十倍有余。大量的游资在资金市场中竞相逐利，其主攻方向是房地产业和证券业等投机色彩很强的行业。至1993年底，全省金融机构网点达到2068家，泡沫经济和金融过度繁荣使金融监管无法有效落实。随着国家宏观经济调控的实施，泡沫逐渐破灭，许多金融机构出现坏账，加之金融业的超常规增长原本就缺乏产业基础，金融风险的征兆已十分突出。

为了化解金融风险、加强金融监管、建立统一规范的资金运筹渠道，经上报中国人民银行批准，海南发展银行于1995年8月18日正式开业，注册资本金16.77亿元，股东共有47家。由于该行是首家以改组信托公司的方式组建的商业银行，合并的富南国际信托投资公司等五家公司债务总额44.4亿元一并转入，故其债务为资本金的2.6倍。这样的资产负债比例在新成立的商业银行中绝无仅有。海南发展银行以吸存为重点，不久便陷入高息揽储的怪圈，3年中5万元以上存款平均年利率在15%以上，1997年底106亿元的资金规模中除了40亿元个人储蓄存款外，60多亿元是高成本的同业拆借，银行负担日益沉重。这倒与美国《财富》中Paul Krugman评述韩国金融危机的那一段颇有相似之处：当你的债务是你的财产净值的四倍时（在西方是没听过的，但在韩国却是标准的），那么衰退加上高利率把你消灭就为期不远了。至于1997年12月16日兼并了28家存在严重缺陷的城市信用社，则在客观上进一步促使海南发展银行滑向深渊，"城市信用社的支付危机扩大到海南发展银行，使后者出现流动性危机"（中国人民银行的《处置海南城合信用社支付危机的方案》）。中国人民银行救急的40亿元再贷款用尽后，海南发展银行清偿能力丧失，挤提现象愈发严重。为了防止出现区域性金融风波，中国人民银行决定关闭海南发展银行。

2. 海南发展银行关闭的成因剖析
（1）资产负债比例的不合理导致海南发展银行先天不足
银行资产与负债之间的总量平衡和结构优化是衡量商业银行是

否处于正常状态和资金良性循环的重要标志。海南发展银行开业初期即背负近45亿元的债务，其中相当一部分随着房地产业的降温成为财务坏账和不良资产。银行资金短缺、资本充足率严重不足，对庞大债务的消化力不从心。这一点与亚洲的许多银行体系非常相似：房地产等投机行业泡沫的破灭使韩国和泰国银行不良资产的比例达到14%和18%，银行体系净资本均为负值，支付清算系统无法正常运转，最终导致信用崩溃。海南发展银行的经营同样建立在这样脆弱的基础之上，注定了它今后的畸形发展。

（2）高息揽储无异于自断生机

资本金的短缺迫使海南发展银行树立了存款立行的思路，但它更多的是靠高息揽储等违规操作开拓资金来源。1996年，该行的五年期存款年利率高达22%，高息促使大量资本快速流入，与之伴随而来的是越来越大的潜在风险。在这种情况下，一旦银行因坏账而出现信用恐慌时，大量资本会立即择路而逃，整个支付和清偿系统便会因陷于恶性循环而瘫痪，这也正是东南亚金融危机造成大量银行破产的根本原因之一。对海南发展银行而言，金融成本越高，贷款投向与规模管理的难度越大，潜在的金融风险越严重，而在当时投机泡沫不断破灭、宏观整顿不断加强的形势下，贷款投入获得高效益的难度可想而知。

（3）兼并28家城市信用社是决策失误

并入海南发展银行的28家城市信用社，普遍存在着资本充足率低、超负荷经营、备付率低、清偿能力不足、资产质量恶化、不良贷款比例高、违规投资严重、贷款大量投向房地产等一系列问题，原本依靠海南发展银行的实力消化负债、优化资产结构的想法被事实证明是对其承受力的高估。在此冲击下，海南发展银行脆弱的本质进一步暴露出来，最终导致其丧失清偿能力。

（4）行政手段的制约削弱了市场手段和法律手段的效力

无论是海南发展银行开办时并入的 5 家信托公司，还是 1997 年兼并的 28 家城市信用社，均处处显露出行政手段干预的浓重色彩。海南发展银行以海南省政府为大股东，一方面固然在收回贷款和追缴债务方面拥有了强大的后盾，另一方面政府出于某些利益的权衡必然会对其采取行政手段进行干预。这些干预在相当程度上与金融市场的"游戏规则"和商业银行经营原则相悖，造成了市场手段和法律手段的弱化，甚至失灵。政府过度干预银行经营决策导致银行体系脆弱，是东南亚金融危机和海南发展银行衰败的一个根源。

（5）银行法规不健全，监管失控

海南发展银行在开业时就违背了"资本金不足不能开业"的银行业规则，在此后的高息揽储中又出现违规操作以及"对同一借款人贷款比例超出规定"等违反《商业银行法》的行为，兼并 28 家城市信用社更是对银行潜在风险的严重低估。这些都反映出银行在法规和经营制度方面存在较大漏洞，同时在经营过程中无法做到有效监管控制，最终使事态发展到无法挽回的地步。这一方面是我国市场经济体制和金融市场尚不完善的客观原因造成的；另一方面是该行盲目追求发展，忽视监管和法制手段重要性的必然结果。

银广夏 内控机制为何失灵？

1. 银广夏的失败历程

（1）上市前的经营情况

据公告，在上市之前，银广夏主要生产与销售 3.5 英寸电脑软磁盘和提供技术服务，CMT品牌在欧美国家享有相当高的信誉。1992年，该产品65%销往美国，21.8%销往欧洲，10.1%销往日本，3.1%销往其他国家和地区。银广夏的产品外销主要采取直销和股东代理销售的方式，有稳定可行的销售渠道，产品供不应求。据公告，银广夏1990～1992年的税前利润总额分别为134万元、178万元和1163万元，1993年1～5月的税前利润为943万元，显示出良好的发展前景。

（2）上市后的造假事实分析

自1994年6月17日上市流通以来，银广夏一度成为我国证券市场中的一只绩优股，受到广大投资者的大力追捧，其股价曾从3.98元/股一直攀升至30.79元/股。1999年，银广夏的每股赢利0.51元；股价则从1999年12月30日的13.97元启动，一路狂升，至2000年4月19日涨至35.83元，次日实施了优厚的分红方案10转赠10后，即进入填权行情，于2000年12月29日完全填权并创下37.99元新高，折合为除权前的价格75.98元，全年上涨440%，高居深沪两市第二。2000年年报披露的业绩再创"奇迹"，在股本扩大一倍基础上，每股收益攀升至0.827元。

据调查，银广夏所谓高业绩的背后，却存在着不可告人的巨大造假目的。事实上，银广夏的利润神话主要源自其从德国进口的所谓"二氧化碳超临界萃取设备"，其造假基地主要是天津的子公司。据公告，1999年7月，银广夏第一条500立升×3的生产线在其天津的子公司——天津广夏试车并投入生产。天津广夏在1999年度、2000年度向德国诚信公司出口萃取产品分别达5610万马克（约2.2亿元）、1.8亿马克（约7.2亿元），而天津广夏在1999年创造的利润占银广夏的75%以上，2000年更几乎囊括了银广夏的全部利润。同时，银广夏又在芜湖和银川投资设立了两条1500立升×3

和一条3500立升×3的萃取生产线,并自称"亚洲第一、世界第三的萃取基地"。

2001年3月1日,银广夏发布公告,称与德国诚信公司签订连续三年总金额为60亿元的萃取产品订货总协议。仅仅依此合同推算,2001年银广夏每股收益就将达到2~3元,但其惊人业绩的背后却存在诸多疑点:①以天津广夏萃取设备的生产能力,即使通宵达旦运作,也生产不出其所宣称的数量;②天津广夏萃取产品出口价格高到近乎荒谬;③银广夏对德出口合同中的某些产品,根本不能用二氧化碳超临界萃取设备提取。据专家分析,如果天津广夏真有如此大的出口量,按照当时的税法,应向有关部门办理至少几千万元的出口退税,并在财务报告上体现出来。事实上,银广夏的年报里根本找不到出口退税的条目。最后的调查表明,天津广夏从未办理过出口退税,而天津广夏1999年度出口额仅480万美元,2000年度更是只有3万美元,其签下60亿元合同的德国买家据称为一家百年老店,但事实上是注册资金仅5万马克的小型贸易公司;其所谓的出口创汇创利的"超临界萃取产品",在产品产量和价格上均被专家证实不具有可能性。这表明其所宣称的1999年出口5610万马克、2000年出口1.8亿马克的说法纯属伪造,从而证明银广夏在过去两年间创造的"巨额利润"神话完全是一个骗局。在事实面前,银广夏高层管理人员承认,天津广夏造假始于1995年,造假利润从1995年的200余万元开始,发展到2000年的5亿多元,创下了惊人的"业绩",而事实上天津广夏每年的亏损额高达1500万~2000万元。

(3) 最后的挽救工作

据报道,银广夏在1997~2001年四年间累计虚构销售收入10亿多元,虚增利润7.7亿多元,其造假行为严重违法。因此,中国证监会对银广夏进行了行政处罚,并对在审计过程中存在重大过失的深圳中天勤会计师事务所的签字注册会计师追究了相应的行政和刑事责任。最后,银广夏董事会在该公司股票暂停上市期间,实施了包括资产重组、债务重组等一系列重大措施。公司更换了管理层,对公司业务进行了较大的调整,出售了部分不良资产,清偿了部分债务,确立了以生态农业为主业的产业发展构架,经中勤万信会计师事务所审计,2002年上半年实现赢利。公司年报显示,截至2002年6月30日,公司实现税后利润15645963.52元,每股收益0.031元。2002年12月19日,银广夏再次上市交易。由于ST银广夏2001年底的每股净资产低于面值,其股票恢复上市后继续实施特别处理。

2. 基于公司内部治理角度的分析

信息经济学认为,公司治理就是要解决所有权和经营权分离带来的委托代理问题。股东和经理人之间的委托代理关系,使虚假会计信息的产生成为可能,因为这两者之间的委托代理契约是不完备的,两者之间存在信息不完全、不对称,这就使造假有利可图,也成为可能。在银广夏案件中,银广夏之所以能够伪造会计信息,就是因为两权分离下股东和经理人之间信息不对称、不完全,尤其是广大中小股东由于监督成本相对较高而信息严重匮乏。可以说,只要存在委托代理关系,就存在信息不对称引发的道德风险。事实上,经理人披露虚假信息对中小股东的利益损害最大。银广夏为什么伪造虚假会计信息?内部制衡机制为什么没有发挥应有作用?

(1) 经理人和股东的博弈

为了解决董事会和经理人之间的委托代理问题,中国努力完善公司治理结构,赋予了董事会和监事会维护股东权益的职责。但是目前上市公司董事会、监事会仍流于形式,职能的发挥有限,内部人控制仍然十分严重，直接导致内部人利用信息不对称损害中小股东利益。

伪造会计信息成为现实的原因是经理层注重短期利益，铤而走险。为什么经理人会只注重短期利益？因为经理人和股东的博弈近似于一次性博弈，上市公司缺乏成长潜力，虚假包装上市严重，没有未来收益，在这种情况下，最大限度地掠夺短期收益是明智的选择。另外，环境的不确定性也导致了经理人只注重短期利益，国有控股公司经理人的选任与业绩无关，经理人不知道自己在位几天。还有一个原因是，伪造虚假信息的成本较低（如中小股东的民事赔偿制度尚是空白），这就使会计信息伪造成为现实。

（2）经理期权失效

银广夏经理层制造虚假会计信息的行为直接源于经理期权失效。虽然银广夏实行了经理期权，且报酬优厚（如董事局主席张吉生持股3.712万股，公司总裁李有强持股3.858万股，财务总监丁功民持股2.7556万股等，另外，董事局主席年薪40万元，董事15万元，监事会主席20万元，监事5万元），但是优厚的报酬并没有激励董事会和监事会维护广大股东的利益，也没有有效激励经理人行为，其原因分析如下。

银广夏本来就已经经营乏力，据已故董事长陈川生前所言，银广夏上市以来一直为避免退市而要求的利润指标绞尽脑汁。一个未来收益不被看好的公司，经营者也没有能力增加未来收益，如银广夏引进的耗资巨大的萃取设备实际上几乎停工，经理期权的激励作用自然不大。

经理期权相对于总股本来说比例太小，李有强等人的经理期股合计占总股本的0.025%，微乎其微，占工资总额的比重相对较小，而且很可能是没有成本的。

市场失灵,市场信息虚假现象普遍存在,导致市场信号失真,再加上庄家炒作,资源并非流向业绩良好的上市公司,存在"劣币驱逐良币"的现象。

经理期权本身就具有一定的缺陷。因此,要提高经理期权作用,就必须完善市场机制,形成经理人市场,禁止业绩不良的公司上市,加强对股东尤其是中小股东的法律保护,让董事会和监事会真正发挥作用。

(3) 董事会、监事会失职

董事会的职能是选拔经理人员,并对经理人员进行考评,行使战略决策权。监事会最重要的职责是监控董事、经理。而银广夏董事会、监事会根本就没有发挥职能监督约束经理人的作用,其原因分析如下。

董事会、监事会人选不当,从各董事的职务和履历来看,多是机关要员,直接导致董事局是一个官僚董事局,监事会是官僚监事会。这些没有生产经营管理专业知识和经验的官僚怎么行使董事会、监事会的职能,维护股东的权益,代表股东的利益?其成员包括证券界、财政界、保险界及会计师事务所的大腕,倒让人感觉这是经理人精心编织的一张关系网。银广夏的两会形同虚设造成了内部人控制严重,这充分说明银广夏公司治理机制不健全,为虚假会计信息的滋长提供了温床。

法人股东代表欠缺。银广夏的前六大股东为法人股,法人实际上也是众多终极出资人的代理人,而法人股股东代表却并非由终极出资人选举产生,而是法人机构推举产生,实质上是用别人的钱来投资,其本身也存在着激励和约束的问题。为什么这些法人大股东放心让这些官僚代表自己的权益?这就暴露了法人股东自身委托代理关系不协调。

另外，大股东与经理人之间存在合谋的可能性。作为大股东代表的董事会、监事会与经理人有可能合谋，肆意掠夺中小股东的财产，瓜分控制权收益。

(4) 大中小股东利益之争

董事会在保护中小股东利益上乏力造成大股东肆意侵占上市公司财产、关联交易泛滥，严重损害了中小股东的利益。银广夏经理人造假事件如此严重，可以说是大股东与中小股东利益矛盾造成的。当小股东纷纷上诉要求赔偿，而机构投资者却默默无声，让人不能不怀疑，大股东和董事会合谋瓜分公司控制权收益，这也是董事会、监事会形同虚设的原因之一。

那么，如何激励和约束大股东，协调大股东和中小股东的利益，使大股东能在董事会中为中小股东维权做出贡献？这是目前中国上市公司治理机制要解决的一个重要问题。

首先，我们来分析一下大股东和中小股东的利益异同点。大股东多为法人股、国家股，其所持股权不可流通，如银广夏前六位大股东都是法人股东，而法人股不能流通。因此，大股东的收益只可以从剩余收益中取得，而中小股东还可以取得资本利得。当然，大股东和中小股东之间利益有共性，其收益都要受到剩余收益的影响。大股东和中小股东的不同之处还有大股东具有公司控制权，能够通过董事会约束经理人，大股东的监督成本相对较低。

为什么中国上市公司大股东不惜搞垮上市公司而牺牲剩余收益？如果不考虑大股东自身的行为缺陷（银广夏不存在国家股），原因在于目前上市公司虚假包装上市，缺乏发展潜力，剩余收益具有很大的不确定性，甚至是不可能取得的。当股权不可以流通的时候，大股东便利用控制权瓜分公司收益，损害中小股东的利益。如果经理人伪造虚假会计信息,欺骗的只是中小股东,损害的只是中小股东的利益,大股东当然不会站在中小股东的立场为中小股东说话。

要协调大股东和中小股东的利益,必须让大股东看重未来长远利益而不是目前的短期利益,这就必须杜绝业绩低劣的公司上市,严格禁止包装上市,培育健全市场主体,提高公司业绩。目前新颁布的债务重组会计准则会起到一定的作用,允许法人股、国家股流通也会有所帮助。发人深省的是,中国大力培养机构投资者,完善公司治理,而机构投资的行为却让人失望——机构投资者屡屡勾结上市公司(如亿安科技)操纵市场,从中渔利,获取公司未来收益差。

表1 银广夏前十大股东及持股比例

单位:%

公司名称	持股比例
深圳市广夏文化实业有限公司	12.63
宁夏伊斯兰国际信托投资公司	8.18
广东京中投资管理有限公司	7.85
深圳兴庆电子有限公司	6.80
银川培鑫投资有限公司	4.29
宁夏计算机技术研究所	2.83
北京中经开物业管理有限公司	1.86
景宏证券投资基金	1.39
北京中慧良计算机软件开发有限公司	0.97
北京领创科技开发有限责任公司	0.94

注:2001年中期,银广夏总股本为50526.14万股,流通A股为28081.95万股,占总股本的55.58%,境内法人股为12862.24万股,募集法人股为9560.16万股,内部职工股为21.79万股,其中前六位股东是法人股东,后四位股东为社会公众股东。

银广夏大事记

银广夏全称为广夏（银川）实业股份有限公司，其前身主要由广夏（银川）磁技术有限公司、深圳广夏微型软盘有限公司、深圳广夏录像器材有限公司合并改组并吸收其他6家发起人，通过向社会公众和内部职工募集新股设立而成。

1987年4月，深圳广夏录像器材有限公司经深府外复〔1987〕63号文批复成立，由深圳市汇文企业总公司、宁夏伊斯兰国际信托投资公司、香港登宝山发展有限公司合资经营，注册资本为141万美元，三家分别出资13.43%、61.57%、25%，主营录像带的生产和销售。

1988年10月，在深圳开业。后深圳市汇文企业总公司被公告撤销，撤销前已将其持有股权的3.84%经公证转让给深圳广夏文化实业总公司，所余9.59%的股权交由深圳思特电子工程有限公司继承和管理，宁夏伊斯兰国际信托投资公司股权中的10%转让给深圳广夏文化实业总公司。

1989年7月，经深府外复〔1989〕435号文批复，深圳广夏文化有限公司（最后更名为深圳广夏文化实业总公司）与宁夏电子计算机开发公司、香港登宝山磁制品有限公司合资经营"深圳广夏微型软盘有限公司"，注册资本2970万元，三家出资比例分别为65%、10%、25%，经营范围为生产和经营3.5英寸电脑软磁盘（MDF）和提供技术服务。

1992年9月，经宁科（计）字〔1992〕225号文批准，深圳广夏文化实业总公司、宁夏计算机技术研究所和香港中昌国际有限公司在银川合资经营"广夏（银川）磁技术有限公司"，注册资本100万美元，三家出资比例分别为30%、45%、25%，主要生产和经营3.5英寸电脑软磁盘，1993年4月正式投产。

企业*管理*策略

　　1993年5月26日,广夏(银川)实业股份有限公司经宁夏体改委宁体改发字〔1993〕67号文批准筹建,1993年6月14日在宁夏工商行政管理局领取宁工商企字第003号《筹建许可证》,1993年8月28日和11月20日经宁夏体改委宁体改发〔1993〕19号文、98号文及1993年11月15日经国家对外贸易经济合作部外经贸资二函字〔1993〕第736号文同意,以社会募集方式设立,在宁夏银川市登记注册。

　　1994年6月17日,银广夏的股票(A股)在深圳证券交易所上市流通。

　　2001年8月,银广夏被媒体披露存在巨额的造假嫌疑,随后中国证监会组织专案组进行调查,并确认银广夏及其相关中介机构存在严重的欺诈行为,银广夏被暂停交易。

　　2001年9月10日,银广夏在停牌一个月后,以跌停板的价格复牌。经过史无前例的15个连续跌停板后,才在10月8日止住跌停。股价从停牌前的30.79元/股,跌至6.59元/股,近68亿元的流通市值化为乌有。

策略九

量财发力，适度扩张

世界上开车最快的人——迈克尔·舒马赫，在F1比赛中曾获得过7次年度总冠军，有人问他："赛车最关键的技术是什么？"他说："刹车！"会"刹车"的企业才能降低或避免"交通事故"的发生。企业的倒闭有时并非企业的战略方向有误，而是企业扩张速度过快，在风险控制上出现问题。

——笔者

策略九 量财发力，适度扩张

理论透析

把控好企业的扩张速度与财务风险

不管是亚细亚的"连锁经营"之路、顺驰的极限现金流动、巨人"摊大饼"式的多元化道路，还是"红苹果"连锁超市的片面追求规模，它们都在企业的扩张规模、速度和风险控制问题上给我们上了重要的一课。

企业的规模扩大发展都涉及了企业战略目标的设定问题，企业该怎么走？走哪条路？这都需要科学的定义和思索，因为企业的管理能力、资金能力、人员素质等都跟随着战略的变动而变动，随之产生与战略的匹配问题，从而战略风险也在慢慢增大。

当然，我们不希望其他企业像上述企业一样最终退出历史舞台，因此，笔者仅提出自己一些浅薄观点与读者分享。

1. 目标设定和战略实施的协调是内部控制的关键

从亚细亚、顺驰以及巨人的案例可以看出，企业发展缺乏明确的战略目标是不行的，但如果战略目标缺乏相应的组织结构、管理能力、资金技术等条件支持，战略目标不仅不能够实现，还会使企业陷入更大的危机。为此，需要严格控制企业目标设计和战略实施风险。也就是说，企业目标的设定首先要适应市场的变化，在跟进市场热点的同时，要培养起与战略目标相匹配的能够支持目标实现的技术、人才、资金与市场；否则，目标将无法实现，反而招致更大的风险。

2. 科学抉择风险管理策略有助于提高控制力

企业在发展中随时会遇到各种各样的风险。风险可能会带来损失，也会带来机会，关键在于如何管理风险。史玉柱面对风险时，也积极应对了，但由于没有对风险进行全面了解和评价，没有专业的人员对风险进行评估并提出切实可行的应对措施，管理风险的策略错了，风险没有被控制，反而更大了。孙宏斌亦是如此。在决策风险管理方针和政策时要慎重,既要勇于突破,又要防止冒进,其遵循的一般原则如下:①权衡轻重、考虑周详。对风险的性质、风险可能性、发生频率要做出合理评估,结合企业管理、人力、财务等综合能力,制定风险管理方针和策略。②避免超额负载。企业管理当局应当牢记,一些风险是不可避免的,企业管理者必须事先明确哪种风险必须承担,坚决不承担超过承担能力的风险;同时,董事会对企业当局的风险管理能力要具有质疑能力,避免不稳健的经营策略。③成本效益原则。对风险管理的成本及其收益进行比较,合理择用。

3. 企业的战略发展需要完善的内部控制予以配套

企业在筹划战略发展中,可能会考虑到兼并重组其他企业,开拓新市场、新产品或新技术,重新构建企业流程或组织结构等,这些变化在现代市场经济中已经成为企业谋求更快发展的必然选择。但这些变化可能会给企业带来组织、人员、资金、技术等方面的风险,如果这些风险不能有效地加以控制,就可能会出现企业导向与战略目标相反的结果。为此,在战略发展中,管理者不能仅仅计较规模和利润,关键在于要把握其管理控制是否能够应对发展所带来的战略风险、组织风险、财务风险、控制风险、运营风险等。也就是说,任何企业的战略发展,如果仅仅考虑到资金、市场或技术,而缺乏完善的内部控制,就无法整合拓展的资金、技术、市场等优势,势必增大风险。但如果企业在战略发展中充分运用规范的内部控制和风险管理措施来整合各种资源,有效地控制战略发展带来的各种风险,内部控制和风险管理所形成的较强控制力,必定会促使战略发展为企业寻找到增加价值的发展空间。

4. 企业扩张速度应视企业自身实际的情况而定

首先,在企业扩张之前,应想想这个时候是否适合扩张,企业的生长周期是否适应企业的扩张。有时必要的停一停是一个明智的选择，这样更有利于企业的长远发展。成功的企业能迅速进入成长期，不断延长其成熟期。一些企业在其迅速成长的黄金时期，在企业发展方向上热衷于"赶浪头"、铺摊子、上项目，没有经过细致的市场分析和投资分析，没有从企业的自身优势、特点和可能性出发，缺乏对未来发展形势的冷静思考和总体把握，盲目涌向高利行业，加上决策体系不合理，对市场和行业技术经济信息的收集、分析不足，最终使企业陷入了经营困境。不仅是巨人、顺驰，还有许多诸如此类的例子。正在步入市场经济的中国企业必须补好战略管理这一课。盲目地追求扩张速度和规模势必造成资金的跟进问题，只有保持弹性较大的资金链条，才能保证企业稳扎稳打地进行扩张。

亚细亚 连锁帝国之梦的破灭

亚细亚的目标的确是个梦。这个梦的实施之日，也是亚细亚衰退之时。

亚细亚的主人是具有远大理想的人，他风华正茂、心比天高，他就是王遂舟。可以说他这个人敢于打破旧体制、旧观念，充满了创新和一系列后来被世人所效仿的"金点子"，如"微笑服务""顾客是上帝"等。

1. 打破旧体制

在那个特定的时代，王遂舟是一个愿意并勇于打破旧体制的人，就这样，他带领着亚细亚开始了自己的征程。

1989年5月6日，营业面积达1.2万平方米的郑州亚细亚商场正式营业。据称王遂舟只用了198天就完成了整个筹备期，创下了当时河南商场筹备建造的历史纪录。从开业的第一天，亚细亚就以一种崭新的形象让人们眼睛一亮。

开业以来，亚细亚一年一个目标：1990年销售额达1.8亿元，1991年2.3亿元，1992年越过3亿元大关。它还以锋利的冲击波，拉开了郑州乃至全国的商业流通体制改革的大幕，顿时，亚细亚特有的商业模式成为当时的典范，这骄人的战绩，使社会各界人士对亚细亚寄予了太多的期望，给予了太多的赞美。没有经过多少风浪洗礼的亚细亚领导在鲜花和掌声中陶醉了，而所向披靡的战绩又使亚细亚领导增强了发展扩张的雄心。

2. 危险悄悄降临

1993年秋，亚细亚领导制定了宏伟的奋斗目标：以亚细亚为龙头，在省内外各名城重镇建立卫星店，创造条件，把握时机，把亚细亚这艘巨轮驶进世界市场。他们认定，连锁经营是亚细亚迅速发展壮大的必由之路，亚细亚的未来是建立"中国最大的零售商业连锁帝国"，与日本八佰伴、美国沃尔玛一样，成为世界最大的零售商业集团之一。

于是，亚细亚高层制订了1994~1999年的发展规划：2000年前，形成以零售业为龙头，以金融证券和房地产业为两翼，以实业开发为基础的大型企业集团；达到年销售总额500亿元，在全国商界排名第一；综合实力排名进入全国企业前10名，成为对中国经济有重大影响的国际"托拉斯"。

从这份宏伟的发展目标来看，亚细亚的"野心"是很大的，这是那个激情时代的产物。对王遂舟这样白手起家的企业家来说，他看到了自己与国际同行业的距离，意识到了自己所肩负着的责任，他壮怀激烈地站了起来，企图以一种丧失了理性的激情来完成那

"惊人的一跃"。于是亚细亚开足了马力，向着它的规划前行。

仅仅经过半年多的准备，以郑州亚细亚商场为主体的亚细亚集团公司在南阳、开封、濮阳、漯河的四家直接连锁店投入建设；集团公司依托中心店郑州亚细亚商场成立了配送中心，为四家连锁店统一进货。1994年初，刚刚获得了年度全国十大杰出青年殊荣、意气风发的集团总经理亲自带队，冲出河南，南征北战，选址、谈判、建设，两年间在北京、广州、上海、福州、成都、西安等地轰轰烈烈地培植起10家大型零售连锁店。

几乎与此同时，集团公司还派人冲出国门，赴澳大利亚、俄罗斯寻觅商机，建点拓业。

连锁经营对王遂舟来说，是一个一知半解的概念，什么是连锁商业？为什么要搞连锁商业？它与传统的百货模式及超市模式、连锁专业店相比，有什么质的区别和优势？这些都没有弄清楚，就贸然地在一条从来没有人奔跑过的荒野上奋勇领跑，我们可预知亚细亚并不能走得很远。

3. 梦终究是梦

"来也匆匆，去也匆匆"，亚细亚领导的梦不久就被无情的现实击破了。一位经济界人士认为这是必然的，他说，建立中国的八佰伴式的零售连锁帝国，愿望是好的，但是任何事物的发生发展都有个过程，比如说企业的扩展，必须以物资、人力为基础，循序渐进。虽然亚细亚上升时期经营得很红火，但几年积累下来的自有资金也不过两三千万元，他们却超越企业实际能力，走大规模利用银行贷款、挤占厂家货款、职工集资的路，操作上又急于求成，这就违背了经济发展的基本规律。这位人士指出，亚细亚集团的教训再次从反面证明，加快投资体制和金融体制改革的紧迫性。

第一个将创新视为企业家生命的经济大师——熊彼特在论及

"企业家的工作"时曾生动地将其描述为"创造性的破坏",也就是企业家通过富有创造力的行动对旧体制、旧模式给予彻底摧毁,并由此开辟出新的世界。

可见,我们从王遂舟的身上看到了两种截然不同的创新。

在他创办亚细亚商场的时候,他所提出并实施的各种服务,都建立在"商业文化"这个大体系之上。它有明确的假想敌——传统的、僵化的商业零售模式;有清晰的服务理念——"顾客是上帝"的支撑;它由各种几乎没有实施风险的子项目有机构成。从这一方面来说,他的创新是有效的、成功的。而在他实施百货连锁商店的时候,我们看到的是一个对连锁概念一知半解的决策者,看到的是缺乏起码的可行性论证的大规划,看到的是全面出击、缺少协调和控制的无度扩张。这样的创新从一开始就散发出了悲剧的气息。

这教训的确是应该记取的,但对普通的亚细亚员工、郑州亚细亚商场来说绝非这么简单:亚细亚女员工占一多半,为了援助连锁店,她们东奔西走,没日没夜地拼搏,常常几个月回不了家,照顾不了孩子和丈夫,不少员工因此离了婚;有的甚至还为此付出了健康,许多女管理者至今谈起来仍悲从中来。

郑州亚细亚商场因支援连锁店而欠的银行贷款、厂家货款、担保款项,林林总总,总计达几亿元,弄得亚细亚商誉扫地,业务人员去谈业务,遭遇"亚细亚免谈";财会人员去贷款,被银行拒之门外;诉讼不断……在讲究法制信誉的今天,郑州亚细亚商场还怎么做生意?

就这样,亚细亚终究会为它疯狂的扩张埋单,各个分店都传来亏损的数字信息,这让王遂舟深受打击,就在他40岁生日的时候,他茫然四顾,以悲剧的方式结束了一段灿烂历程。

亚细亚覆灭后,经济圈不断有人从各个角度总结王遂舟的种种失误。客观地说，亚细亚的没落除了以小搏大、扩张无度以外，也有客观上的原因。但总的来说，盲目扩张导致资金链条断裂是亚细亚最大的"蛀虫"。

亚细亚大事记

1989年5月6日，营业面积达1.2万平方米的郑州亚细亚商场正式开业，王遂舟的特色经营使亚细亚初战告捷。

1990年，亚细亚的营业额达到1.86亿元，一跃而名列全国大型商场第35位。此后三年，亚细亚的营业额每年均以30%以上的速度增长。

1991年，王遂舟在海口市开办海南亚细亚大酒店。然而，酒店惨淡经营10个月，最终倒闭。

1992年1月，中央电视台到郑州以亚细亚为主线拍了一部长达6集的电视连续纪录片《商战》。节目一经播出，顿时引起巨大反响。

1992年前后，郑州亚细亚商场的名声达到了辉煌顶峰。10月，王遂舟当选为"第三届全国十大杰出青年"。稍后，王遂舟被选为第八届全国人大代表。

1993年9月，以郑州亚细亚商场为基础，扩股成立了郑州亚细亚集团股份有限公司，走上"连锁经营"之路。

1994年5月，南阳亚细亚商厦最早开业，而其销售额却呈日渐下滑趋势。同年，南阳分店亏损114万元，濮阳分店亏损593万元，漯河分店亏损990万元，开封分店12月开业，10个月便亏损1234万元。

1996年2月，广州仟村百货开业。一两个月后，上海店、北京店和成都店相继营业，但在经历了一段运营期后，都迅速地下滑到了警戒线。10月26日，当时自称"国内目前规模最大、档次最高

企业 **管理** 策略

的大型零售商场"的亚细亚五彩广场正式开业。开业当天，销售额只有100多万元。11月，天津亚细亚商厦倒闭，商品被哄抢一空。

1997年3月5日，王遂舟召集亚细亚部分高层管理者，正式宣布辞职。4月，成都新时代仟村百货、开封分店、濮阳分店相继停业；5月，广州仟村百货停业；10月，上海仟村百货停业。

1998年初，西安亚细亚工贸中心转由当地合作方控股，独立经营；5月，郑州亚细亚五彩广场关门停业；7月，成都九眼桥仟村百货商厦停业；11月，北京仟村百货停业。郑州亚细亚集团首度对外宣布集团总负债6.15亿元，资产负债率为168%。

1999年1月，北京仟村超市停业；年初，亚细亚五彩广场"复业"仅1个多月便又草草收场。

2000年7月，亚细亚五彩广场宣告破产。同时，已掉落到郑州各大商场销售额倒数第二的"大本营"郑州亚细亚商场宣布面向全国重新招商。

2005年11月，河南拍卖行受委托拍卖郑州亚细亚商场债权，因无人举牌而流拍。

顺驰 现金流的极限运动

孙宏斌，一匹傲视天下的"黑马"，经历跌宕起伏、富有传奇色彩的他在1994年3月，怀揣着柳传志借给他的50万元，开始了他的顺驰之路。

如果说成长需要梦想和勇气，那么，拒绝超出能力的成长似乎需要更大的理智和决断。以创造奇迹的心态经营企业，迟早会成为奇迹的吞噬物。不得不说，顺驰在一个企业选择"快速的成长"与

"健康的成长"中，给我们上了重要的一课，让我们不得不审思：此时此刻，我是否必须成长？

柳传志曾经评价孙宏斌是一个能把一个行业看穿的人，凭借着孙宏斌个人的才能，顺驰在天津一炮打响，而这些并不能阻断孙宏斌的野心，这个雄心勃勃的男人把目光瞄准的是一个更广阔的天地——全中国。

1. 放出豪言，杠上万科

2003年，顺驰销售回款40亿元，规模直逼中国最大的地产公司深圳万科。如果以万科年均30%的增长率计算，2004年万科销售额也不过在60亿~70亿元，顺驰却公然宣布，他们将在2004年做到100亿元的销售额，然而在顺驰内部，这个目标是一个让外人更感震惊的数字：155亿元！

异军突起、狂飙突进的顺驰已经成为中国房地产企业中的最有争议、最引人瞩目的公司，其言行举动无不牵动业界和媒体视线。一方面，顺驰四方攻城略地，所到之处无不披靡，迅速扩张壮大；另一方面，在超常规扩张的过程中，资金链、人力资源储备诸多方面问题已在顺驰中有所显现。比如，围绕顺驰房地产开发的产业链，从上游到下游，从土地供给到建筑施工、形象设计、广告代理，在付款问题上，顺驰的行为、态度、口碑却与顺驰纵横江湖的王者之气不符，顺驰资金链吃紧问题暴露无遗。

2004年8月，在重庆召开的"中城房网2003董事长联席会"上，孙宏斌介绍了顺驰集团的战略后说，顺驰2004年的目标是实现销售回款100亿元，而2003年是40亿元。万科董事长王石当场劝到："小孙，是不是要注意控制风险？"

在深圳住交会上，孙宏斌老调重弹，并放出了3~5年内要做全国房地产老大的狂言。坐在一旁的万通实业董事长冯仑对他的话不无担心。

作为老大哥的王石、冯仑，所言并非出于世故，而是从饱含创痛的切身经验出发。1994～1995年，王石带领万科，冯仑统率万通，大江南北全面扩张。然而，在随后的几年中，又不得不忍痛进行收缩和调整。而且，以王石、冯仑响彻中国地产界10年之威名，尚且不轻言全国第一，出了天津就没几个人知道的孙宏斌，何以如此张狂？

孙宏斌不易觉察地笑了一下："有人以为顺驰的战略是哪天夜里拍脑袋想出来的，哪知道我们3年前就开始准备了。"

从2004年9月4日到11月4日，两个月的时间，顺驰在上海、苏州、石家庄、南京、武汉连续签下8幅土地，总用地面积约100万平方米，这在全国并不多见。孙宏斌的胃口远比以上行动大得多，顺驰已经向郑州、西安、南昌、重庆等近10个城市派出了前期人员，熟悉和了解市场，择机进入。

惊讶之余，人们担心的是顺驰"疯狂扩张"的资金链是否结实。

2. 孙宏斌谈顺驰资金链问题

"如果现在才想到明年的资金问题，那顺驰早就做死了。"孙宏斌说："2004年的资金计划我们已经调配完了，现在想的是2005年甚至三年以后的事。"在记者的要求下，孙宏斌将顺驰集团的几大本项目销售和资金调配计划表一页页翻给记者看。很显然，顺驰已经有了一个非常充分的资金解决方案，包括与项目合作方的共同投资、借助信托公司发行集合信托等金融产品、对已支付地款项目非常详细的快速开工与开盘计划，而且所有这些方案都以全面预算的形式得到落实，并在2005年逐月进行检查和考核。并且，这当中还不包括上市取得的资金。

天津顺驰地产甚至表示该计划还略有保守:"今年开工的新项目正在快速回笼资金,北京林溪别墅已经开盘了,上海、苏州、南京、石家庄、武汉的项目明年上半年就可以销售。"

顺驰还有一个撒手锏——作为房地产中介的顺驰置业与作为房地产开发的顺驰地产联动。最早以房地产中介代理起家的顺驰,自2000年5月推出中介连锁模式后,已在天津拥有100家连锁店、200家协作店,占天津二手房市场份额的30%,并已进入北京、南京、成都、广州、石家庄等城市,上海、苏州、武汉的连锁店也即将开业。

顺驰置业的目标是三年内进入28个中心城市,并成为中国房地产中介行业的第一和当地的市场领导者。2004年,顺驰销售额的30%以上是通过顺驰置业的销售网络完成的,这一模式将被克隆到其他城市。孙宏斌说,这种模式任何开发企业也做不到。

"至于人才,我们一直在储备。"孙宏斌说,比如顺驰2004年在天津6个区县有6个分公司,现在6个公司合为一个公司,就会有很多人才可以支持各异地公司了。而当时整个顺驰集团有4000多人,完成2004年的工作根本用不了这么多人,"我就是在为将来储备人才"。

著名的企业家胡葆森这样评价顺驰:顺驰没有什么神秘的东西,仅仅就是寻求扩张的企业之一。我想它应该是提前几年就做好了扩张的准备。扩张实际上是一种企业资源的输出行为,比如说品牌、人才、资金、商业模式,顺驰的这些方面都将受到挑战。老孙现在是在大势好的时候先拿到土地,控制土地资源,在这个大形势下,二流商品也能卖得很好。市场经济就是这样,等你基本功做扎实了也许这个市场就跑了。我觉得工程水平高不高对他来讲可能不是太重要,差也不会差到哪去。我想老孙是做了这方面的思想准备，即使有那么一两个项目做得不太好，即使有那么一两个项目经理人因为能力不够出了问题，也不会影响到整体战略，他肯定是做好了付出这种代价的准备。现在速度对他来讲是最重要的。大家的出发点不同，所以，既不能用产品主义来说顺驰不足，也不能用规模、速度主义来说万科保守。每一个企业都有自己的战略，比如说万科和顺驰这两家的战略是不一样的，一定要以销售额为单一指标评价企业的好坏，这是评价者本身的不成熟。评价房地产企业的优秀与否应该有一个综合的标准，包括销售额、开发能力、管理、企业文化、企业的核心价值观、企业的透明度、公共形象、行业的影响力、区域经济的影响力。顺驰现在这种发展和工作节奏可能连续三年都崩不了，不过也许它计划就是这么干三年时间，三年以后就换干法儿了。

3. 顺驰在资金刚性上谢幕

对强力前行的顺驰来说，怎样维持资金链问题，是企业面临的一大难题，孙宏斌最重要的战略要点是对现金流的严格控制，唯一可行的战略便是把有限资金的使用效率提高到极限。

孙宏斌的所有战略设计都围绕着"速度"二字，当各个方面都不完全具备成熟的条件时，他必须在最短的时间内取胜，用速度来击败一切竞争对手，例如，品牌打造速度、购买土地速度、建造周期的速度、项目销售的速度、现金流动的速度等。

然而，一个以现金流为第一要素的企业家，最终还是败在了现金的断流上，这不免让我们遗憾和叹息。2004年，遭遇了国家严厉房地产宏观调控的顺驰已经摇摇欲坠。同时，顺驰在香港上市的计划流产，大量的银行欠款使资金链瞬间崩塌。没想到，孙宏斌把顺驰做得如此刚性。最终，顺驰被香港路劲基建收购。

顺驰大事记

1994年3月，孙宏斌拿着借来的50万元到天津创办顺驰房地产销售代理公司。

1995年初，顺驰与联想一起投资开发香榭里小区。

2000年8月，顺驰击败众多对手，以1.72亿元的价格一举拿下天津的两个热门地块，轰动天津。

2000～2003年，顺驰在天津相继开出了60家连锁店，几乎覆盖了整个天津市场，还创办了中国第一个基于互联网的房产服务网www.tjhouse.com。顺驰在房产推荐及客户资源的开发上，遥遥领先于同行。

2002年底，快速成长中的顺驰在天津累计开发了30个项目，建筑面积达数百万平方米，占到天津全市房地产开发总量的20%。

2003年7月，孙宏斌在中诚房网的一次论坛上当面挑战王石："我们的中长期战略是要做全国第一，也就是要超过在座的诸位，包括王总。"

2003年12月8日，顺驰进军北京，以9.05亿元拿下大兴区黄村卫星城北区一号地。

2003年9月到2004年8月，顺驰旋风般地跑马全国，共购进10多块土地，建筑面积将近1000万平方米，得到"天价制造者"的雅号。2003年，顺驰实现销售额45亿元。

2004年3～5月，国家推出了一系列严厉的调控措施，房地产业的冬天突然降临。5月3日，顺驰召开领导团队会议，紧急下令停止拿地。

2004年8月7日，海南博鳌举办全国房地产论坛，王石点名评论顺驰："这种黑马其实是一种破坏行业竞争规则的害群之马。"

2004年11月，顺驰的香港上市计划搁浅。

2005年10月，顺驰与美国投资银行摩根的私募谈判流产。顺驰进行大规模的人员调整，裁员20%。

2006年初，媒体曝光，顺驰拖欠的土地管理费用加上银行贷款余额，总计高达46亿元。9月5日，顺驰与香港路劲基建签署了股权转让协议。孙宏斌以12.8亿元的代价，出让了55%的股权，并基本失去了对顺驰的控制权，转而专注于一家名为融创集团（SUNAC）的经营业务。

2007年1月26日，路劲基建宣布收购孙宏斌手中的剩余股权，总持股增至94.7%。

巨人 发育不良终致夭折

巨人集团创始人史玉柱1986年毕业于浙江大学数学系，之后进入深圳大学攻读软科学管理硕士研究生。1989年初毕业后被分配到安徽省统计局工作。同年7月回到深圳，以身上仅有的4000元和自己开发的M-6401桌面排版印刷系统开始了创业。

史玉柱，文弱的外表下并不能让人轻易地看出他超出常人的豪赌天性，在他创业的历程中就展露无遗。就在1989年8月，史玉柱和三个伙伴承包了天津大学深圳科技工贸发展公司的电脑部，M-6401在此时被推向市场，巨人事业起步。首先，史玉柱用全部的4000元资金做了8400元的广告："M-6401，历史性的突破。"

13天后的8月15日，史玉柱的银行账户上第一次收到三笔共计15820元的汇款。到9月，4000元的广告投入已带来10万元的回报。面对第一笔利润，史玉柱索性将10万元全部变成广告。4个月后，M-6401带来了100万元的利润。

初获成功的史玉柱，预感要想进一步发展，必须有新的产品。1990年1月，他一头扎进深圳大学的学生宿舍，研究M-6402。他除了一周下楼买一次方便面之外，在计算机前整整干了150个日日夜夜，终于研究设计出M-6402。但当他满怀希望地回到安置在公司大厦的家里时，家具不翼而飞了，数日未见的妻子离开了他。

有了资产和新产品，1991年春，史玉柱移师珠海，珠海巨人新技术公司应运而生。他宣布："巨人要成为中国的IBM、东方的巨人"。同年1月，公司员工增加到30人，公司注册资金15万元。M-6403汉卡销售量居全国同类产品之首，比当时的联想汉卡还畅销，获纯利1000万元。9月，巨人公司更名为珠海巨人高科技集团公司，注册资金1.19亿元，史玉柱任总裁，公司员工发展到100人。12月底，公司纯获利3500万元，年发展速度为500%。

1993年1~3月，党和国家领导人杨尚昆、李鹏、田纪云、李铁映先后到巨人集团视察。李鹏给巨人的题词是："青年科技人才是国家的脊梁。"1993年1月，巨人集团在北京、上海、成都等地成立了8家全资子公司；8月又开发出一批新产品；9月，史玉柱荣获"广东优秀科技企业家"称号。1994年6月，史玉柱被评为"中国十大改革风云人物"。同月，江泽民视察巨人集团，并用巨人中文手写电脑题词："中国人就应该成为巨人。"

1. 1993年，特殊的日子

巨人发展战略转移是1993年。这一年是中国电脑业的灾年，随着西方16国组成的巴黎统筹委员会的解散，西方国家向中国出口计算机禁令失败，康柏、惠普、AST、IBM、INTEL、MICROSOFT、西门子等跨国公司开始围剿中国的硅谷——北京中关村。这是一场生死决战，中国民族电脑业步入了低谷。巨人集团亦受到了重创，于是集团制定了"必须寻找新的产品支柱"的战略决策。当时正值全国房地产热，史玉柱决心抓住这一机遇，因此一脚就踏进了房地产业。原来想建18层办公楼，后来一改再改，从38层、54层、64层到70层，最后成为珠海标志性建筑，也是当时全国最高的大厦。从64层改为70层的原因，是集团的几个负责人认为"64"有点犯忌讳。于是史玉柱只打了个电话向香港的设计单位咨询，对方告诉史玉柱技术上可行，便定了下来，投资也由原来的2亿元增加到12亿元。但由于大厦地质勘测不好，建在断裂带上，光地基就多投入了1亿元，延误了工期。

这还远远不够，巨人集团同时又进入了生物工程产业，起初较好，但后来由于管理不善，仅康元公司就累计损失1亿元，不过总体来说生物工程效益尚可。投资12亿元的大厦，没向银行贷一分款，所需资金主要来自生物工程。但不断"抽血"，使生物工程也失去了"造血"功能。到了1996年下半年，集团资金几近枯竭。由于全国各分销公司管理不善，各地侵吞财物现象屡屡发生，人心也开始涣散。

这种拆东墙补西墙的做法，势必为日后巨人出现财务危机埋下危险的种子，以后巨人的发展也证实了这一点。

2. 巨人无法停止他的脚步

1995年5月18日，巨人"三大战役"正式在全国打响：电脑、保健品、药品营销，这一天，全国各大报纸几乎都刊登了巨人集团的广告。

1996年2月26日，巨人集团召开了全国营销会议，宣布进入"巨不肥会战"状态。参加会议的"正规军"和"民兵"有7000多人，组成三大"野战军"。8月8～18日，巨人集团召开第七次全国营销会议，组织"秋季攻势"。

可是，在我们事后看来，当巨人进军保健品行业时，并没有分析过保健品市场的特殊性。其实，保健品是一种以功效诉求为主的消费品，广告无非起到了一个诱发购买的作用。显然，这在1995年并没有被史玉柱真正领悟出来，一种以广告轰炸式的手段而建立起来的市场，无疑是建立在沙滩上的大楼，毫无基础可言。更糟糕的是，在忙乱而声嘶力竭的推广过程中，他还犯了诋毁竞争对手的低级错误——与娃哈哈的官司。巨人公开向娃哈哈道歉事件，成为巨人大滑坡的一次标志性事件。

3. 资金的全面断裂给巨人"华丽"一击

1996年9月，耗尽巨人集团心血的巨人大厦完成地下工作，开始浮出地面。也就在这时，巨人集团的危机全面爆发。

之前，巨人放弃了自己的发家本业——电脑行业，巨人本身推出的产品就单一，缺乏创新。而后，巨人的发展虽然伸向其他领域，如房地产、保健品、药品营销等方面，摊子越摊越大，但是典型的巨人大厦的建立，巨人没有银行的贷款，全靠其他产业和自有资金来扶持和填充，可见，巨人的资金链条绷得很紧，一旦其中某个环节出现问题，这些产业就会牵一发而动全身，带来不可估量的后果。再加上缺乏忠诚度的业务骨干的相继离开，更为巨人带来巨大损失。

一波接着一波巨人大厦楼花的债权人拥进集团讨债，一向与银行打交道甚少的史玉柱借不来任何资金，不善交际的他更没有朋友前来帮助，地方政府更是束手无策，拿不出任何有建设性的建议，一大批媒体不留余地报道着巨人的各种丑闻，突然间，巨人走到了悬崖的边上。就在财务危机被曝光三个月后，庞大的"巨人军团"分崩瓦解，史玉柱也从公众的视野中消失了。

4. 巨人启示

巨人集团1989~1992年的腾飞是靠创业精神支撑而发展起来的。遗憾的是，在企业迅速发展的过程中没有建立相应的完善的企业制度和科学的管理体系，在管理上，史玉柱用毛泽东军事思想指导企业经营管理，并独断专行。1995年，史玉柱意识到了企业的危机，他走访了太平天国起义的旧址——金田，仔细研究了洪秀全的成败得失；又走访了红军长征路线，在遵义会议旧址，研究了战略与战术的转移；他又来到大渡河边，恰逢那天阴云密布，秋风怒号，史玉柱随生一种悲壮之气，面对滔滔河水而仰天长叹："我们面前就横着一条大渡河呀！"史玉柱曾有一个形象的比喻："一个运动员超极限的训练，必然伤痕累累。"

实际上，在巨人发展其他行业领域时，史玉柱就意识到了公司的管理隐患，并提出巨人正在向大企业迈进，管理也应上新的一个台阶。并直截了当地指出了集团的问题，但是，仅仅意识到问题，而不能发现问题的症结所在，并从根本上找到解决问题的方法，企业仍然会向危险的境地继续前行。

在这里，我们看到巨人在扩张的时候内部的风险控制和资金链条管理问题是其发展的最重要问题。房地产业必须有坚实的金融资本作为后盾，巨人缺乏资本运作的经验，不能有效地利用财务杠杆。但令人瞠目的是，巨人大厦从1994年2月动工到1996年7月，未申请过一分钱的银行贷款，全凭自有资金和卖楼花的钱支持。到1996年下半年，资金紧张时，由于缺乏与银行的信贷联系，加上正赶上国家宏观调控政策的影响，巨人陷入了全面的金融危机。巨人将银行搁置一旁的理由是以为可以依靠生物工程方面源源不断的销售回款来支持大厦的建设资金，认为"账上的钱花都花不完"。1996年下半年，巨人大厦急需资金。史玉柱做出了抽调生物工程的流动资金去支撑巨人大厦建设资金的决定,把生产和广告促销的资金全部投到大厦,结果生物工程一度停产。从资金运作角度,史玉柱犯了大忌。

"成也目标,败也目标",史玉柱软件科学管理系硕士的优势资源支持了其在电脑行业的创业,奠定了巨人集团的发展;然而,史玉柱的目标转型——向保健品和房地产行业多元化发展,使巨人集团走向衰败。巨人集团向保健品和房地产行业多元化发展的目标,与巨人集团的管理能力、资金能力和技术能力产生错位,企业管理、资金、人员素质不能与设定的目标相匹配,企业战略风险增大。所以,科学合理的风险管理理念和策略成为应对风险的关键。巨人集团每次遇到危机时,都没有对企业面临的内外风险进行评估,没有看清楚纯粹风险损失有多大,也没有及时考虑如何把握机会风险,而仅仅是跟进社会上的热点行业,以求多元化发展,这样,巨人的衰败就是意料中的事。

巨人大事记

1984年,史玉柱毕业于浙江大学数学系,到深圳大学攻读软科学硕士后,被分配到安徽省统计局,随即下海创业。

1989年,推出桌面中文电脑软件M-6401,4个月后营业收入即超过100万元,随后推出M-6402汉卡。

1991年,巨人公司成立,推出桌面中文电脑软件M-6403。

1992年,巨人总部从深圳迁往珠海。同年,巨人的汉卡销量一跃而居全国同类产品之首。史玉柱被评为"广东省十大优秀科技企业家"。中央领导人纷纷视察巨人。38层的巨人大厦设计方案出台,后来这一方案因头脑发热等原因一改再改,从38层到54层,再到64层,后来又蹿升至70层。

企业 **管理** 策略

1993年，巨人推出M-6405、中文笔记本电脑、中文手写电脑等多种产品。巨人成为位居四通之后的中国第二大民营高科技企业。下半年，美国的王安电脑公司破产，史玉柱认为巨人需要新的产业支柱。

1994年初，巨人大厦一期工程动土。史玉柱在一次全体员工大会上直截了当地剖析了巨人集团的五大隐患，并明确提出巨人"二次创业"的构想。同月，巨人推出"脑黄金"，一炮打响。史玉柱当选为"中国十大改革风云人物"。

1995年5月18日，巨人在全国上百家主要报纸上以整版广告的形式，一次性推电脑、保健品、药品三大系列的30个新品，投放广告1亿元。不到半年，巨人集团的子公司从38家发展到了创纪录的228家，人员从200人骤增到2000人。同年，史玉柱被《福布斯》列为大陆富豪第8位。7月，史玉柱宣布"创业整顿"。

1996年初，史玉柱开始从全面出击转为实施重点战役，全力推广减肥食品"巨不肥"。同时，巨人大厦资金告急，史玉柱被迫抽调保健品公司的流动资金来填补巨人大厦的建设。保健品方面因为巨人大厦"抽血"过量，加上管理不善，迅速盛极而衰。

1997年初，巨人大厦未按期完工，国内购楼花者纷纷上门要求退款，巨人与媒体的关系迅速恶化，媒体地毯式报道巨人财务危机。因巨人故意诋毁娃哈哈产品，在娃哈哈的强烈要求下，巨人被迫在杭州与娃哈哈一起召开联合新闻发布会，公开向娃哈哈道歉。这一道歉风波，成为巨人集团大滑坡的一次标志性事件。不久，巨人大厦停工，巨人名存实亡。

1998年8月，史玉柱短暂出现，与四川希望集团总裁刘永行进行了一次关于多元化的对话。

2000年5~7月，史玉柱突然出现并接受中央电视台采访，迅即又开始回避媒体。

"红苹果" 昙花一现的联合舰队

1996年，一家名为"红苹果"的零售企业曾在京城轰动一时。红苹果点点利商贸集团是一家股份制的民营商业连锁企业。仅在一年以后，被传媒炒得沸沸扬扬的"红苹果"被迫歇业。公司留下了高达3000万元的债务，同时也为后人留下了中国连锁经营的青涩记忆。

1. 红极一时

1996年6月1日，36家"红苹果"连锁店在北京同时开张亮相，这36家连锁店遍布北京的8个城区。起步之初，"红苹果"制定了三大经营原则：规模出效益，"红苹果"连锁店将在年内开设100家分号；把实惠让给消费者，"红苹果"旗下各连锁分店实行京城零售业最低毛利率——"五点利"；为市政府分忧，"红苹果"各店将大量招收下岗女工。

"红苹果"在传媒的炒作与自身的宣传下，引起各个层面的广泛关注。开业之初，各连锁店门前车水马龙，人声鼎沸。各路供货商闻风而来，希望与"红苹果"建立供销关系。一些渴望被连锁的商家也纷纷来找"红苹果"，希望加盟"红苹果"，而各路新闻记者更是闻风而至。

在1996年6月1日开业后的四个月中，各店铺累计日销售额持续在百万元以上，三个月后法人代表刘鸿鹄申请变更注册资金，

企业 **管理** 策略

请求把他的注册资金由原来的 1000 万元改为 5707 万元。变更后的股东增加了中国华诚企业发展总公司和农丰公司，法人代表仍为刘鸿鹄。与此同时，"红苹果"的连锁店增加到 42 家。另外，"红苹果"的购物卡也在筹划之中，每张卡面值 100 元，计划发行 100 万张，若发行成功，可募集资金 1 亿元。应该说，"红苹果"的购物卡是模仿一些超市中的"会员制"做法。像国外的沃玛特、万客隆等大型连锁超市，普遍采用这种制度。这种制度有利于企业使顾客固定化，降低促销成本，并获得一定的稳定收入。但因为"红苹果"营业中的一系列风波及最终破产，购物卡最终也没有发出。

由于"红苹果"固定投资所占比重过大，流动资金严重不足，在经营过程中，"红苹果"的财务危机开始显现。1997 年 2 月，开张仅半年的"红苹果"，就被厂家投诉——拖欠货款。"红苹果"拖欠货款数额巨大：开业一年，"红苹果"拖欠货款总额为 3000 万元，被拖欠的供货商达 300 家。损失巨大的供货商迅速联合起来，不仅"打"上门去讨债，而且出于本能，逐步开始减少供货量，最终停止供货。而此时，消费者在"红苹果"的店面里所见到的是，货架上的货物越来越少，顾客越来越稀少。针对这种情况，"红苹果"的管理者未能采取有效措施，管理危机与财务危机最终也未得到有效控制，这种恶性循环无疑将"红苹果"带入了破产的境地。

2. 片面追求规模的恶果

在我国连锁经营的起步阶段，规模不大是一些连锁企业的一大隐忧。许多企业也正是看到了自身规模不大所带来的发展限制，于是在扩大规模上煞费苦心。它带来的副产品就是盲目连锁——只注重门店数量扩张，而忽视经营管理。"红苹果"连锁店一开始就把年内开设 100 家门店作为目标,起步计划就开 36 家,实际上一年内开设了 60 多家。由于摊子铺得过大过快,总部对门店的约束力下降,资金周转不灵,只苦苦支撑了半年。权威部门统计表明,全国近百家大中型连锁企业销售额的增长很大程度上来源于商店数量的增长,单个连锁店的销售额并没有明显增长。这说明整个连锁企业的基础比较脆弱,在商业竞争进入白热化后,这类连锁企业的发展显然会受到制约。靠门店数量扩张来增加销售额在连锁企业发展初期无可非议,但如果企业的发展完全依赖于此,则非长远之计。一是消费空间有限,连锁数量总有饱和的时候;二是连锁店的扩张需要有较强的资金实力;三是连锁店的扩张绝不仅是"量"的扩张,而是重在"质"的提高;不是遍地开花,而是重视结果;不是盲目发展,而是精耕细作,谁能先意识到这一点,谁就抢占了先机。而"红苹果"的设计规模脱离实际之处表现在:一是公司当时的财力、物力无法支持如此巨大的投资规模,即使能取得银行贷款,也依然存在巨大的负债经营风险。二是对一家初次涉足商业零售的企业来说,即使百家连锁店同时开业,企业的各项管理制度也不可能像世界上的一些成熟连锁企业一样在短时间内健全、规范,而严酷的竞争现实是不允许一家企业在管理上摸索太长时间。管理上滞后、规模上超前,必将使企业在竞争中处于不利地位。一般说来,企业的发展应主要靠自身的积累,因此滚动发展显得尤为重要,资金上逐渐积累与管理上不断完善才会给企业规模的扩大打下坚实的基础。如果一味地追求超过自身发展能力的规模与超速发展,很可能为自己埋下失败的种子。

公司片面追求规模,带来的一个突出问题就是资金不足。一是流动资金严重不足。固定投资占用了大量资金,"红苹果"的前期设计为 100 家连锁店规模,因此购买电脑、招聘人员都是按照这一规模进行的。其中，仅 POS 系统一项就占用了近 2000 万元的资金。但是，因为资金、管理等种种原因，"红苹果"始终没有达到百家店的规模，因此经营成本居高不下，许多设备闲置，进一步占压了资金。二是存在严重的投资缺口。1000 万元的注册资金要在全国开上百家连锁店，不仅有点大胆，而且不符合经济理性思维。"红苹果"在增资注册以后，虽然执照上写的是"5707 万元"，但资金是否真正到位，外界不得而知。开业之后，刘鸿鹄虽曾向银行贷款 1000 万元维持"周转"，但刘鸿鹄不得不承认：为了维持几十家连锁店的正常开业，"1000 万元 5 天就没有了"！这种现象，更说明"红苹果"的管理者在最初的投资与设计中，并没有在全盘考虑自身的资金实力与各种融资渠道的基础上制订经济可行性计划，而只是在发展中走一步算一步，以致出现了巨大的资金缺口。三是未能获得大量的银行贷款。"红苹果"的管理者曾将"红苹果"的发展寄希望于社会的扶持，这也是"红苹果"在创立之初喊出"把实惠让给消费者，为市政府分忧"等口号的初衷，即希望通过实际行动来赢得社会、政府与银行的信任。这种想法有点过于一厢情愿。银行更看重的是企业的发展前景与投资回报，而非几句空洞的口号。

3. 低成本战略高成本运营

从"红苹果"的经营方针上看，公司实行的是典型的低成本战略，即采用类似于沃尔玛式的"天天低价策略"，以低价格（五点利）和广覆盖吸引大量的消费者，再用大额的采购压低采购价格，从而实现公司的低成本运转。然而，盲目追求经营规模，带来了管理能力的不足——人员素质不高、管理制度不完善等问题。实际上，"红苹果"是在用高成本运营来维持着理想中的低成本战略。

一是管理费用过高。公司招待费动辄数千元，刘鸿鹄本人月薪1万元，高级助手月薪5000多元，公司购买了十多部轿车，其中最高档次为凌志400。庞大的管理费用，加大了公司经营成本，占用了大量的流动资金。

二是股东之间由于利益的矛盾而相互猜疑，中层干部因为责、权、利不明确而各自为政，相互掣肘。

三是由于"红苹果"迅速扩张膨胀，因此缺乏一支上下一心、经过商海锤炼的骨干队伍，而制度建设上的各种问题给一些人以可乘之机。一些连锁店的店长偷、拿、吃、贪现象严重，店长与收银员合伙坑骗公司的事屡有发生。而对采购人员的监督乏力，致使业务人员暗中收受回扣的现象得不到控制。

四是在后期连锁店的扩张上，对商圈的调查不细致，未能很好地分析消费者层次，不能及时调整品种结构与货源。进货数量与进货种类显得极为有限，货架上的物品花色较少，选择的余地较其他连锁店小得多。由于没有专门的采购、配送部门，其业务人员对供货商报价的高低无法做出准确判定，导致至少1/3的商品进价过高。

五是店堂管理混乱，货物码放较为混乱，货价标签时常出错。有的商品标价竟然比进价低一倍。70%的营业员是未经严格训练的下岗女工，员工在对待顾客、进行商店正常操作方面都没有经验，经常出现与顾客争吵的现象，大有店大欺客的架势，这严重损害了商店的形象，造成了大量顾客流失。由于"红苹果"缺乏培训机制，从普通店员到店长、各部管理人员，素质参差不齐，大多难以胜任工作，加上监督约束机制不健全，导致了内部管理失控。

4. 薄利难多销

"红苹果"的"五点利"，是典型的薄利多销策略。然而，超

企业**管理** 策略

低的利润率是难以支撑整个企业良好运营的。在这一点上，公司领导对经商的难处估计不足。从理论上讲，100家连锁店，商品一律实行"五点利"，很可能一出马就击败北京所有的零售连锁业，独霸京城，"红苹果"定可红透半边天。但是，第一，如上分析，"红苹果"从来未达到过上述规模，其规模效益也就是纸上谈兵。第二，"红苹果"的经营成本偏高，由于上述的各种管理上的原因，各项费用并未能降至最低。第三，即便是达到上述规模，企业的负担也是很重的："红苹果"租用房间，须按月支付房租；招聘员工上千人，须按月发放工资；还有水电费开支、各种税费、利息等。"五点利"经营导致整个企业在一种微利的情况下运行，没有相当的资金与规模作为保障，是很难成功的。

　　实施低成本战略，仅仅靠内部资源的整合是不够的，还应进行包括供应商在内的整个价值链的优化，最终形成快速反应的价值链。供应商扮演着以最快的方式、最低的成本向消费者提供产品和向生产商提供需求信息的角色。因为当时国内出现商品供大于求的现象，许多零售商业企业都以极不规范的代销手法"欺负"供货商和生产企业。而"红苹果"因为毛利率控制在"五点利"，进货成本就必须严格控制。"红苹果"将进货价格一压再压，但因为流动资金原因，货款又一拖再拖，导致与供货商的矛盾不断加剧，最终到了一种激化的程度。所以，一个中小企业即使以低成本为自己的竞争战略，也应仔细计算维持企业正常运转与发展的最低利润率的合理区间，而不应盲目地追求低成本，忽视了企业成长与发展的后劲。

策略十 慎重采取多元化

专注是赚钱的唯一途径，可口可乐专心做可乐，成为世界消费品领域的领先者；丰田专注于做汽车，成为日本利润最为丰厚的公司。进入一个行业，先专业化，再全球化，这才是赚钱的唯一途径。

——〔日〕大前研一（日本著名管理学家、经济评论家）

专业化、多元化，须冷静抉择

理论透析

看着一个个原本卓越的企业从兴盛到衰败，许多人都在忙忙碌碌，或许没时间思考这背后的问题根源。本部分尝试从专业化、多元化角度，把相关的经典案例收集起来与读者共同探讨。

对于专业化和多元化，格力、万科、华为、三九和春兰等选择了不同的道路，从它们的案例中我们会思考很多。在过去的这些年，"篮子与鸡蛋"的讨论一直在中国企业家中间翻来滚去，而我们看到的事实却是最初采取专业化的企业多数走上了多元化道路。在未来的几年内，我们可以毫不费力地预测，那些自以为完成原始积累的企业将相继杀进汽车、房地产、医院、金融、教育及保险等领域，它们中间有多少会成为成功者，我们无从知晓。

大前研一说过这样的话：中国的机会很多，以致很难有中国的企业家专注于某个领域，并在此领域做出卓越的成绩。但专注是赚钱的唯一途径。

至于为什么那么多企业热衷于多元化，原因解释很多，笔者认为，主要与人的本性有关。一是人天生的惰性，使许多企业家不再进行专业化经营，因为专业化需要不断地进行研发投入，而要保持行业技术领先地位，则需要高付出、高投入；二是人的贪欲，使许多企业家走向多元化，因为新的行业总是充满诱惑，人的贪欲很容易使人头脑发热，至于他们选择多元化能否成功，关键看是否符合多元化的条件。

多元化并非都是陷阱。成功进行多元化是有条件的，笔者认为成功的多元化至少包括以下三个条件：一是主业是否已经发展到非常高的程度，其市场占有率、技术水平、管理水平是否都无懈可击，是否已经有大量的剩余资本；二是涉足的领域是否与原主业相关，

企业 **管理** 策略

尤其是技术相关；第三是涉足的领域市场需求是否足够大。这三者缺一不可。如果自己的主业还没搞好，就急于铺摊子，借了钱还往里扔，就会发现这是个无底洞，会把自己套死在多元化的大陷阱中。

当然，并非所有专业化经营的企业都能成功。专业化成功也需要条件，至少有两条：一是市场容量大。斯密定理告诉我们，市场需求决定分工的广度和深度。二是企业必须具备动态能力。动态能力要求企业必须具备两点能力，一是快速适应市场环境变化；二是整合企业内外资源，迅速开发出适合环境变化的产品。

目前，随着各行业竞争的加剧，许多有觉悟的企业开始走"归核化"道路。企业的专业化—多元化—归核化，也许是基于人的欲望基础上的企业选择规律。

有学者总结了"多元化十大戒律"，很有意义，悉录于下，以供参考。

投资可以多元化，经营必须专业化。

产业可以多元化，管理必须差异化。

业务可以多元化，主业必须清晰化。

产品可以多元化，结构必须层次化。

进入可以多元化，退出必须自如化。

文化可以多元化，理念必须一致化。

组织可以多元化，指令必须一体化。

股东可以多元化，治理必须体系化。

人才可以多元化，制度必须统一化。

模式可以多元化，业绩必须现金化。

格力 紧握"金钥匙"

2011年1月18日，在中国经济年度人物颁奖典礼上，格力电器股份有限公司（简称"格力"）总裁董明珠获"2010CCTV 中国经济年度人物创新奖"。

在颁奖现场，主持人问董明珠："在您本人和格力电器的血液中，都融入了浓郁的创新理念。如果让您选一样物件代表格力的气质，您会选择什么？"

话音刚落，董明珠毫不犹豫地举起了一把金灿灿的钥匙。"我会选择代表核心技术的金钥匙。格力电器在 20 年时间内创造的技术，足以打破 100 年的历史。技术创新是我们的立足之本。'宁可少赚也要走专业化路线'，这一理念永远不会改变。"这个五官秀气的女人语音温润，却字字珠玑。

提起格力，我们脑海里第一个浮现的词就是空调。"好空调，格力造"传遍了大街小巷、世界各地。格力正是凭借空调的专业核心科技，连续 12 年上榜美国《财富》杂志"中国上市公司 100 强"。格力空调在全球的用户已经突破 1 亿，创下了中国空调企业用户数量的新纪录。15 年的历史，很多空调厂家已经销声匿迹，而格力空调仍然陪伴着广大用户，这本身就是一个奇迹。

1991 年，谁也没看出，原本默默无闻的新成立的格力电器小厂，从只有一条简陋的、年产量不过 2 万台窗式空调的生产线开始，格力人在朱江洪董事长的带领下，发扬艰苦奋斗、顽强拼搏的精神，克服创业初期的种种困难，开发了一系列适销对路的产品，抢占了市场先机，初步树立了格力品牌形象，为公司后续发展打下了良好基础。

1. 只有倒闭的企业，没有倒闭的行业

格力董事长董明珠经常说：我这辈子只做了一件事，我相信未来 10 年，格力依然会坚持走空调专业化的道路；专业化与我们的定位有关，也是"自断后路"的做法——我们只能成功，不能失

败；对那些搞产品相关多样化的企业来说，一类产品失败了，还有其他产品可以补进，但格力不行，如果空调我们做不好，消费者不买账，我们就会全盘皆输。

由董明珠的这番话，我们不禁会问：格力的发展是否触到了"天花板"？专业化的好处不言而喻，可是专业化给企业带来的风险是极大的。如果孤注一掷，产品链条出现问题，企业崩塌只是一瞬之间的事。

可是，格力在这一问题上给我们交上了完美的答卷。它的目标是在全球空调业中成为领导者，对企业来讲，发展的"天花板"是核心技术不能突破。只要技术不断升级，新的市场空间就会被创造出来。比如在家用空调领域，从过去的单机到现在的"一拖多"；在商用领域，对恒湿、恒温新增功能的需求，就需要不断更新技术、生产新的产品。

没有倒闭的行业，只有倒闭的企业。记得当年加入WTO时，很多企业恐慌来自竞争对手的挑战。但是对于格力，"入世"反而促使其练好内功，提高核心竞争力。

创新让企业更有活力。"格力空调，掌握核心科技"使得格力的品牌更加深入人心。科技的不断创新是格力安身立命的根本所在。

格力拥有技术专利6000多项，其中发明专利1300多项，自主研发的超低温数码多联机组、高效直流变频离心式冷水机组、多功能地暖户式中央空调、1赫兹变频空调、R290环保冷媒空调、超高效定速压缩机等一系列"国际领先"产品，填补了行业空白。

"一个没有创新的企业，是一个没有灵魂的企业；一个没有核心技术的企业是没有脊梁的企业，一个没有脊梁的人永远站不起来。"展望未来，格力将坚持"科技救企业、质量兴企业、效益促企业"的发展思路，以"缔造全球领先的空调企业，成就格力百年的世界品牌"为目标，为"中国创造"贡献更多的力量。

作为一家专注于空调产品的大型电器制造商，格力致力于为全球消费者提供技术领先、品质卓越的空调产品。

格力在全球拥有珠海、重庆、合肥、郑州、武汉、石家庄，以及巴西、巴基斯坦、越南9大生产基地，拥有8万多名员工，至今已开发出包括家用空调、商用空调在内的20大类400个系列7000多个品种规格的产品，能充分满足不同消费群体的各种需求。

2. 广告开道，格力更显身手

国际巨星成龙的代言和"掌握核心科技"的宣言，让格力在人们的心中打上了深深的烙印。我们对格力的产品质量、完美的品质和服务给予了很高的信任。

在激烈的市场竞争中，格力空调先后中标2008年"北京奥运媒体村"、2010年南非"世界杯"主场馆及多个配套工程、2010年广州亚运会14个比赛场馆、2014年俄罗斯索契冬奥会配套工程等国际知名空调招标项目，在国际舞台上赢得了广泛的知名度和影响力，有力地引领了"中国制造"走向"中国创造"。

3. 格力专业化道路能走多远？

近年来，国内家电产业的多元化扩张势头迅猛，有的是在传统的家电领域从空调向冰箱、洗衣机等白色家电的品类扩张，有的则是从彩色电视机等黑电产品向白色家电的关联品类扩张，有的则是从家电向房地产、金融贸易等领域跨界扩张，但董明珠领导的格力就是要坚持"专业化"的路径。

在格力持续"专业化"道路的背后，也引发了社会对其缺乏在"产品多元化"体系下的运营管理能力和商业管理能力的质疑。相对于海尔、美的等已经跻身"千亿俱乐部"的家电巨头而言，在市场业绩和企业规模快速推进的背后，对企业管理和商业模式的探索一直没有停止。海尔20多年的发展，基本上就是在"管理驱动"下的稳步扩张，从"日清日毕"到"人单合一"，海尔完成对跨产品、跨产业的复合管理创新。同样，美的也从单一产品垂直管理向"集团管控、事业部运营"多级管理迈进，并探索"事业部制与矩阵式"的管理创新。

相比之下，当前的格力仍是单一产品下的垂直管理。这让格力原有的小家电业务在过去几年间错失了我国小家电行业井喷式发展的扩张黄金期。如果回归多元化，格力还要面临多品类下的"生产管理、销售管理"等考验。

格力坚定地走"专业化"路线。但"专业"并非"单一"，而格力对所谓"专业"的执著，已然成为阻碍其规模扩张的"天花板"。反观全球家电行业，不论是三星、西门子，还是海尔、长虹、美的，多元化的业务拓展已经成为家电巨头们提升实力和抵御风险的共同选择。多元化不仅意味着在某一品类产业链条的上下延伸，还包括丰富产品的类别。对格力而言，想依靠空调这一单一品类实现规模突破将十分困难。

4. 专业化战略是"一篮子鸡蛋"的战略吗？

哈佛大学商学研究院著名教授迈克尔·波特在他具有重要影响和贡献的《竞争战略》一书中，明确地提出了三种竞争战略，即总成本领先战略、差异化战略和专业化战略。可见，专业化战略是一个重要的企业竞争战略。有效地贯彻任何一种战略，通常都需要全力以赴，并且要有一个支持这一战略的组织安排。如果企业的基本目标不止一个，则这些方面的资源将被分散。

就格力来说，专业化使它始终保持压力，必须不断向前，不断进步，在专业化上越做越好，越走越远。在这一点上，格力所表现出来的坚定和清醒是难能可贵的，特别是面对众多鼓噪者的指责，"我自岿然不动"，正反映出格力战略家的气质和对专业化战略运用的娴熟。2011年，格力变频空调的关键技术获得11项国家授权发明专利、1项公开国际发明专利。这是空调技术领域一个历史性的突破，不仅超越了国内同行水平，而且超越了国际同行水平。

长期以来，我国营销界有人把专业化战略当成"一篮子鸡蛋"的战略。他们认为，多元化战略是把鸡蛋分放在多个篮子里，而专业化战略是把鸡蛋放在了一个篮子里，因此得出结论，多元化战略可以规避风险，专业化战略会把鸡蛋掉在地上。许多学子把上面的话作为哲理到处复述，以为这是企业发展战略的"真经"。其实，这是一个歪理。

专业化战略是一种避免全面出击、平均使用力量的创业发展战略，更是一种进行产品和市场的深度开发、促使企业获取增值效益的企业竞争战略。专业化战略不仅不是把鸡蛋放在一个篮子里，而是同样要把鸡蛋分放在多个篮子里，但是后面每一个篮子里的鸡蛋都进行了深度产品开发和市场开发，具有了增值的现实可能性。因此，这种看似"专业"的鸡蛋，尽管还是鸡蛋，却是进行了市场扩展的鸡蛋、加进了科技含量的鸡蛋、具有了产品增值效应的鸡蛋，这就从根本上提升了企业的竞争能力。

格力就是这样一个专业化并保持充足马力前行的优秀企业。

格力大事记

1991年11月18日，投资2亿元、占地10万平方米的格力电器一期工程在广东珠海前山河畔、南屏桥边开工奠基，这一天被认为是格力正式诞生的日子。

1993年，格力研制出了节能型分体机"空调王"，这是当时世

企业 **管理** 策略

界上制冷效果最好的空调器，能效比超过3.3（当时的国家标准是2.3）。不久，"空调王"投放市场，立即引起轰动。

1995年7月，格力专门成立了空调行业迄今为止独一无二的"筛选分厂"，对所有采购进厂的零部件进行全面检测，严格控制外协外购件质量。

从1995年开始，经过董明珠一系列内外部的整肃，格力的销售开始走上正轨，1995年底，格力电器经营部的工作取得了重大成绩，从1994年的8亿元上升到28亿元。也就是从这一年开始，格力空调的销售没有一分钱的应收账款，也没有一分钱的三角债。

1996年11月，"格力电器"股票（000651）在深交所挂牌上市。

1997年12月，在董明珠的直接操作下，格力会同武汉四大格力经销商，联合成立了由五家共同参股的区域性销售公司，创造了"区域性销售公司"这一独特的营销模式，预示着厂商双方在探索"结束无序竞争，控制市场秩序"上迈出了可喜的一步，并取得了巨大成功。

2001年6月，投资2000万美元、年产空调20万台的格力电器（巴西）有限公司正式在巴西竣工投产，标志着格力空调的国际化历程迈出了最重要的步伐，时任国务委员的司马义·艾买提专程出席剪彩仪式。

2001年8月，总投资2亿元、年产100多万台的格力电器（重庆）有限公司一期厂房正式在重庆高新区二郎科技新城开工奠基，标志着格力的"西部战略"拉开了决定性序幕。

2005年8月，中国家电业首台拥有自主知识产权的大型中央空调——离心式冷水机组在格力电器成功下线。11月，格力首创的世界第一台超低温热泵数码多联机组顺利下线，彻底打破了发达国家对中央空调的技术垄断。这一技术成果被建设部评为"国际领先"水平，是1999年以来建设部科技评估项目中第一项获得"国际领先"评级的项目。

2006年9月6日，国家质检总局和中国名牌战略推进委员会共同授予"格力"牌空调"中国世界名牌"称号。当时，只有6家企业的产品获此殊荣，格力空调是中国空调行业第一个，也是唯一一个中国世界名牌产品。9月20日，格力电器合肥产业基地项目签约仪式在合肥隆重举行，标志着格力空调第四大生产基地正式落户安徽省合肥市。11月底，由格力自行设计制造的磁悬浮离心式冷水机组正式下线，由此，格力成为全球第四家、国内第一家掌握该技术并可批量生产该机组的空调厂家。

2007年9月，格力卧室空调"睡梦宝"隆重上市，旨在打造中国人优质睡眠生活，并以其多项技术专利，再次戳穿"空调业同质化"的谎言。12月11日（巴西当地时间），2007年度"巴西节能之星"颁奖典礼在里约热内卢举行，格力连续第四次荣获巴西政府最高节能认证——"A级能源标签证书"和"节能之星"奖杯。

2008年4月30日，广东省召开庆祝五一国际劳动节暨劳动模范和先进集体表彰大会，格力荣获中华全国总工会颁发的"全国五一劳动奖状"。

2012年业绩显示，格力营收1000.84亿元，净利73.78亿元，同比增长40.88%。格力成为国内首家依靠单一品类产品实现千亿元营业收入的家电企业。

万科 迷途知返

1984年5月，万科企业股份有限公司（简称"万科"）在广东深圳成立，它的前身是深圳现代科教仪器展销中心。万科之前经营过商贸、工业、地产、证券、文化等，后在王石的带领下，专业化于房地产。万科是目前中国最大的专业住宅开发企业，是国内首批公开上市的企业之一，是中国房地产界的"黄埔军校"，也是房地产企业中为数不多公开宣称只赚阳光利润的企业，曾入选中国最受尊敬的六大上市公司之一。

万科以中高档住宅开发著称，在深圳、上海、北京等城市创立了声名远扬的品牌"城市花园"，并以出色的物业管理引导行业潮流。实际上，万科也是暴利年代最典型的受益者和受害者。

在我们看到几乎同一时期的"玫瑰园"时，暴利确实就像玫瑰一样绽放在房地产市场中，它很诱人，但又十分扎手，那些在玫瑰园里沉浮过的各色人等，无一不是被暴利驱使，始而狂歌，终而哀号。万科是最成功的具有反思精神的企业，它追求暴利，但更反省暴利，乃至拒绝暴利。

在最具暴利色彩的房地产业，万科尝到了无限的甜头。万科掌门人王石回忆："万科买第一块地是1988年的事儿，到1992年，我已经可以做到买一块地一拆迁一转手，就是100%的利润。"但是王石很快意识到，市场暴利终归要趋于平均利润。他认为，追求暴利只会导致两种恶果：一是风险极大，高利润和高风险成正比，一把赢不一定把把赢，追求暴利可能会遭受灭顶之灾；二是浮躁心态，一心想一夜暴富的心理往往会错失很多良机。

但之前，万科尝试过走多元化的道路。万科在A股、B股上市筹集了大量资金，地产项目遍及全国12个城市，涉足五大类行业，有商贸、工业、地产、证券、文化。项目的冗大，使得万科人力跟不上，资金太分散，其结果是企业规模徘徊在12亿~15亿元，再也上不去了。而同时期的走专业化道路的三九集团，1996年规模有40多亿元，海尔有60多亿元。王石深刻地认识到如果管理不成熟，资金多了反而会给企业带来更大的灾难。

于是在多元化之路上磕磕碰碰之后，王石竭力主张走专业化之路，为了实现这一目标，他把一些赚钱的企业都卖掉了。万科的调整基本上经历了三个阶段：首先是从多元化经营向专营房地产集中；其次是从房地产多品种经营向住宅集中；最后就是投放的资源由12个城市向北京、上海、深圳和天津集中。其间，对其他企业关停并转，该卖的卖，回笼资金1.3亿元。

多元化导致万科效益的高速增长，因此，在创业阶段多元化无可指责，但企业规模、专业化程度、行业市场占有率要受到影响。

万科通过专注于住宅开发行业，建立起内部完善的制度体系，组建专业化团队，树立专业品牌，以所谓"万科化"的企业文化（简单不复杂、规范不权谋、透明不黑箱、责任不放任）而享誉业内。

2010年，万科完成新开工面积1248万平方米，实现销售面积897.7万平方米，实现销售金额1081.6亿元、营业收入507.1亿元、净利润72.8亿元。这意味着，万科率先成为全国第一个年销售额超千亿元的房地产公司。这是一个让同行眼红、让外行震惊的数字，相当于美国四大住宅公司高峰时的总和。

1. 万科的生命之花在建筑中绽放

万科在建筑业中埋下了专业化的种子，为了培育这颗种子，万科倾尽全力，不断挖掘房地产市场上空白的市场份额。人们的不断需求和越来越升级的生活品味，使得万科专注的住宅开发形成了一条专业化的服务。

（1）建筑为了生命

住宅建筑为了生命而存在，又为了生命而发展。只有在适宜于个人的生活空间中，人们才能更多地感受生命的价值。而人类生命的升华又在呼唤着更安全、更方便、更舒适、更优美、更自然的居住空间。万科所有的努力都是为了满足各种人群多样化的居住需要，为人类生命所必需的生活空间提供无限新的可能。

（2）建筑延拓生命

住宅的建筑和使用过程充满了人与环境的对话。优秀的建筑不仅倾听人类生命的呼唤，而且也努力响应自然生命的需要，保持与自然的和谐。在自然生态环境变得异常脆弱的今天，万科一直在探索如何让未来住宅的建造和使用都成为自然生命环境的有机组成部分。正在进行的一些试验将有希望大幅度减少建筑建造过程的资源消耗，也将帮助人们在住房使用中更多地以与自然和谐的方式使用各种资源。

（3）建筑充满生命

住宅建筑本身可以因扎根于历史、尊重自然，或独特创意而让自身充溢着生命。可以看到，很久以前我们先辈留下的住宅到今天还在为我们提供着关于采光、通风、人居交流的设计灵感；在城市化进程中，人们也越来越重视保留更多"都市的记忆"，以便能够更好地领悟历史的沉积，让新的住宅建筑更多地获得与特定土地紧密关联的人文记忆的滋养。因此，万科人越来越以培育生命的心态满怀敬畏地精心建造每一栋住宅。

万科已形成了自己的企业经营理念，当价格成为打动消费者的利器时，建筑更应有爱；当忙碌的工作占据了大半时间时，生活更应有爱；当客户是上帝响彻人们耳边时，服务更应有爱。

万科围绕着建筑这一专业化的道路越走越远，也越走越深，走得很出彩，走得很坚定。

万科作为中国房地产行业的领跑企业，作为一家负责任的企业，影响力与日俱增，获得了政府和社会的高度认可。2011年6月27日，在出席中英峰会的温家宝总理和卡梅伦首相的共同见证下，万科和英国建筑研究院（BRE）在英国外交部签订合作备忘录。这一备忘录的签署，意味着欧洲最先进的绿色建筑技术将正式引入中国。万科在绿色建筑领域又迈出了一大步，共有14家地产公司的33个项目采用工业化技术施工，开工面积达到272.31万平方米，创历史纪录。同时，绿色三星项目开工面积约273.7万平方米，同比增长262%，绿色三星住宅项目面积占全国的50.7%。

2. 人才孕育了万科

在辉煌成就和迅猛发展背后的，是万科独具特色的人力资源管理体系。万科对员工职业生涯的关注与重视又是其人力资源管理的重点之一。

1991年，万科正式提出了"人才是万科的资本"的人才理念。基于这个理念，万科在制定人力资源政策时以尊重人为前提，尊重员工的选择权和隐私权，避免裙带关系，举贤避亲，努力为员工提供公平竞争的环境。

1995年，万科进一步深化人才理念的内涵，提出了"健康丰富的人生"的口号。其内涵主要有：理解人的社会性本质，不能仅仅从企业与个人的经济交换关系来看待人，不能以牺牲人为代价为企业换取利润。

企业要为员工创造健康的工作环境、丰富的工作内容与和谐的工作氛围。人最宝贵的时间是在工作中度过的，工作本身应该给员工带来快乐和成就感。感兴趣的工作、志趣相投的同事、健康的体魄、开放的心态、乐观向上的精神，是万科追求的价值观。

人非圣贤，每个人都会因错误而造成生活不幸。企业作为健康人的集体，有责任关心、爱护每个成员，在充分尊重个性的前提下，倡导健康的工作和生活道德规范。

通过企业，员工不仅要实现基本的生活要求，还要实现其理想的生活方式和奋斗目标；通过个人，企业不仅要实现自身的增值和发展，而且要完成其承担的社会责任。

此外，万科还有强大的培训体系、后备人才培养体系。万科的职业通道与职业生涯规划也是其特点之一。

万科大事记

1984年，万科公司以"现代科教仪器展销中心"名称注册，经理王石，国营性质。

1985年，万科公司多方拓展业务，形成了深圳本部调汇、进货，广州储运，北京销售的"三点一线"销售模式。

1986年，聘请中华会计事务所为其财务顾问，成立了第一家中外合资企业——深圳国际企业服务公司。

1987年，缩减公司称谓，更名为"深圳现代科技中心"。兴办第一个工业投资项目——精时企业有限公司。

1988年，再次更名为"深圳现代企业有限公司"。11月，以2000万元天价投标买地，进入房地产行业。

1989年，招股完成，召开第一届股东大会，成立了由王石等11人组成的第一届董事会。

1990年，决定向零售、电影制片及激光影碟等领域投资，初步形成了商贸、工业、房地产和文化传播四大经营架构。

1991年，确定"综合商社"的发展模式。房地产向上海、厦门拓展，影片《过年》获国际大奖。1月29日，万科A股在深圳证券交易所挂牌交易。

策略十 慎重采取多元化

1992年，跨地域经营发展迅速，重点开发中国东南沿海地区的房地产和股权投资业务。上海、青岛、天津等地项目发展顺利，为公司的规模化发展奠定了坚实的基础。下属36家联营和附属企业，遍布国内15个重要城市。

1993年1月，本集团向上海市民正式推出中档城市居民住宅——上海万科城市花园，受到市场欢迎，给刚刚启动的上海房地产市场以积极的推动作用。该项目占地面积37.6万平方米，建筑面积50.3万平方米，为万科迄今为止投资规模最大的房地产项目。

1994年7月17日，年初完成股份制改组的万佳百货平价广场迁至华强路新址，重新开张营业，并推出仓储式平价经营模式。8月，为适应集团跨地域业务管理的需要，集团总部管理部门进行了调整，调整后的总部架构包括"五部一室"：人事部、财务部、企业策划培训部、经营管理部、证券事务部和总经理办公室。

1995年，公司贸易版块进行机构调整和资源整合，原深圳万科贸易有限公司、深圳万科协和有限公司、深圳现代企业有限公司合并为万科贸易有限公司。

1996年10月11日，深圳万科物业管理公司顺利通过ISO9002-94第三方国际认证检验，成为国内首家被国际机构承认符合质量标准的物业管理公司。11月，集团开发的上海万科城市花园、深圳荔景大厦、北海万科城市花园获评"全国城市物业管理优秀示范住宅小区（大厦）"。截至1996年11月，集团共有5个地产项目获此殊荣。

1997年，鉴于万佳百货经营规模及利润回报的稳定增长，以及集团对深圳零售业务市场前景的乐观判断，11月，董事会决议增持万佳百货股份，由60%增至68%。

1998年，集团推出"万客会"，为公司与客户之间的有效沟通起到重要作用,被媒介誉为引发地产经营革新的举措。

1999年2月,鉴于集团业务架构调整的完成和职业经理队伍的成熟,董事会决议接受董事长王石辞去公司总经理职务的辞呈,并聘任姚牧民为总经理,同时聘任郁亮为公司常务副总经理兼财务负责人。年内,为理顺投资管理关系,集团先后增持大连万联房地产开发有限公司、成都万科兴业有限公司、天津万科兴业(集团)有限公司、深圳海神置业有限公司的股权,使其成为集团全资附属企业。

2000年,集团零售业务加快规模扩张步伐,1月,万佳第四家分店——宝安店开业,11月,万佳第五家分店——春风店开业,万佳营业面积增加至8.1万平方米。

2001年2月,公司转让深圳万科精品制造有限公司100%股权。年内,集团继续增加土地储备。先后签署上海闵行金丰项目、宝山新城项目、浦东曹路项目、深圳四季花城三区项目、北京海淀天秀项目、成都城市花园二期项目、武汉四季花城项目、长春城市花园项目、南京金色家园项目、天津红旗农场项目、深圳大梅沙项目、南昌四季花城项目、天津玻璃厂项目、沈阳大东体育场项目、西江街项目协议书,并借此进入了南京、武汉、长春、南昌四个城市的房地产领域。

2002年1月,公司办公地点搬迁至深圳市福田区梅林路63号万科建筑研究中心。

2003年,公司积极开拓以深圳为中心的珠江三角洲区域、以上海为中心的长江三角洲区域、以沈阳为中心的东北区域,并形成深圳、上海和沈阳区域管理中心。

2004年7月28日,王石成功登上澳大利亚最高峰科修斯科峰,成为全球华人完成攀登七大洲最高峰的第四人。9月23日,集团

20周年庆典系列活动的重头节目"中国企业20年论坛——领先企业的战略思维与增长动力"在北京中国大饭店隆重举行。郁亮代表集团发布了未来10年的中长期规划。

2005年6月23日,"万科"被国家工商行政管理总局正式认定为驰名商标,成为中国房地产界第一个国家认定的驰名商标。

2006年1月18日,万科以389001360元受让北京市朝阳区国资委持有的北京市朝万房地产开发中心的60%国有产权以及该等产权相对应的股东权益,在环渤海区域迈出具有战略意义的一步。

2008年7月,在英国《金融时报》公布的2008年全球市值500大企业排行榜(FT Global500)中,万科首次进入该榜单,也是其中唯一一家中国大陆房地产企业。

2009年3月,万科因在探索工业化与城市低收入住宅方面的成绩入选2009年3月出版的《财富》(中文版)"十大绿色公司"名单。

华为 专业化路上的一匹黑马

华为技术有限公司(以下简称"华为")在专业化的道路上就是一匹朝前狂奔的黑马,先前一直默默无闻的它,凭借着技术创新、有特色的管理体制,驰骋于科技网络中。2008年,华为被美国《商业周刊》评为全球十大最有影响力的公司之一,并在移动设备市场领域排名全球第三。移动宽带产品全球累计发货量超过2000万部,根据ABI的数据,市场份额位列全球第一。

更重要的是,2010年,华为超越了诺基亚西门子和阿尔卡特-朗讯,成为全球仅次于爱立信的第二大通信设备制造商。在英国成

企业 管理 策略

立安全认证中心，与中国工业和信息化部签署节能自愿协议。

同年7月8日，美国知名杂志《财富》公布了2010年世界500强企业最新排名，华为首次入围。继联想集团之后，华为成为闯入世界500强的第二家中国民营科技公司，也是500强中唯一一家未上市的公司。

目前华为的发展，世界瞩目。

1987年，华为的总裁任正非在中国深圳创建了华为，这是一家有特色的企业，我们印象最深的恐怕是他的员工持股计划，以及身后的一大批产品研发与创新团队。正因如此，华为成为全球最大的电信网络解决方案提供商，以及第二大电信基站设备供应商。主要涉及了交换、传输、无线、数据通信类的电信产品。在中国这一特殊的宏观条件下，华为作为一家民营企业能与那些国有企业相抗衡并取得今天的成就，实属不易。华为的管理艺术更是吸引眼球。

1. 管理艺术似一个指挥家

管理需要点点滴滴锲而不舍的持续努力，如果说华为有什么不同，那就是华为人坚持这么做了，华为公司选择这么做了。离客户近一点，服务细一点，危机感强一点，视野开阔一点，每天都有进步。所以，华为的差异化优势、质量好、服务好以及综合成本低等特色使得华为在激烈的市场竞争中保持了独有的核心竞争力。

2. 学习型组织

企业要建立学习型组织，要建立共同愿景，不断开展团队学习。这一思想目前已非常流行了。但最容易忽视的是，学习是一个循序渐进的过程。因为一种管理理论要真正发挥出力量，为企业带来切实的效益，就必须经过这样一个认知逐步成长的过程。这个过程中的每一步,都是需要企业付出很多的时间和代价的,但也许更需要付出的是耐心。

在华为,学习表现为"先僵化,后优化,再固化",即先消化再应用。如果不知道具体怎么做,怎么能够谈得上发挥知识的全部力量呢?还没学会站,如何谈得上走,又如何谈得上跑呢?

华为认为,管理不仅是一种业务活动,而且同时也是一种学习活动。这种学习活动一定要有一个循序渐进的过程,就是要先僵化,先明白该怎么做,再逐渐明白现有系统的优点、缺点,再明白应该如何优化。

3. 华为如何走出去?

海外扩展是华为的重点方向,这是任何一个学习型组织的基本要求,华为率先在自己的管理实践中这样做了。也许我们应该说,华为进步快就在于比别人更善于实事求是地学习。这就是华为,这就是华为所孜孜以求的"落差"。

2012年10月,据外媒报道,美国众议院情报委员会发布报告称,中国电信设备商华为和中兴未能解释在美国的商业利益以及和中国政府的关系,有可能威胁美国国家通信安全。华为、中兴对此均做出反驳。华为称这一报告本质是阻止中国企业进入美国市场,充满了传闻和臆测。华为在美国市场的拓展受到了阻碍。

这一现象我们是否可以看作华为的发展让美国那边的类似企业眼红了呢?美国是否在保护本国企业我们也不得而知。不过,我们欣慰和高兴的是,华为的发展正蒸蒸日上,其发展潜力不容小觑。

华为大事记

1987年,华为集团创立于深圳,成为一家生产用户交换机

(PBX) 的香港公司的销售代理。

1989 年，自主开发 PBX。1994 推出 C&C08 数字程控交换机。

1990 年，开始自主研发面向酒店与小企业的 PBX 技术并进行商用。

1992 年，开始研发并推出农村数字交换解决方案。

1995 年，销售额达 15 亿元，主要来自中国农村市场。成立知识产权部。成立北京研发中心，并于 2003 年通过了 CMM 四级认证。

1996 年，推出综合业务接入网和光网络 SDH 设备。与香港和记黄埔签订合同，为其提供固定网络解决方案。成立上海研发中心，并于 2004 年通过了 CMM 五级认证。

1997 年，推出无线 GSM 解决方案，于 1998 年将市场拓展到中国主要城市。与很多公司成立了联合研发实验室。

1998 年，产品数字微蜂窝服务器控制交换机获得了专利。成立南京研发中心，并于 2003 年 6 月通过了 CMM 四级认证。

1999 年，在印度班加罗尔设立研发中心。该研发中心分别于 2001 年和 2003 年获得 CMM 四级认证、CMM 四级认证。成为中国移动全国 CAMEL Phase II 智能网的主要供应商，该网络是当时世界上最大和最先进的智能网络。

2000 年，在瑞典首都斯德哥尔摩设立研发中心。合同销售额超过 26.5 亿美元，其中海外销售额超过 1 亿美元。在美国硅谷和达拉斯设立研发中心。

2001 年，根据 RHK 的统计，华为的光纤系列产品稳居亚太地区市场份额的第一名。

2002 年，海外市场销售额达 5.52 亿美元。尽管 2001～2002 年全球电信基础设施的投资下降了 50%，但华为的国际销售额还是增长了68%，从2001年的3.28亿美元上升到2002年的5.52亿美元。华为通过了UL的TL9000质量管理系统认证。为中国移动部署世界上第一个移动模式WLAN。

2003年，与3Com合作成立合资公司，专注于企业数据网络解决方案的研究。Cisco Systems指控华为侵犯部分Cisco技术专利；但是，Cisco最终撤回了诉状，双方解决了所有的专利纠纷，并承认华为没有侵权行为。在世界各地部署了1亿个C&C08端口，创造了行业纪录。

2004年，与西门子成立合资企业，针对中国市场开发TD-SCDMA移动通信技术。

2005年，海外合同销售额首次超过国内合同销售额。截至2005年6月，华为共有10所联合研发实验室。从1997年起，IBM、Towers Perrin、The Hay Group、PWC和FHG成为华为在流程变革、员工股权计划、人力资源管理、财务管理和质量控制方面的顾问。与这些主要的跨国咨询公司的合作，使华为可以随时了解行业的最新动态。

2006年，以8.8亿美元的价格出售H3C公司49%的股份。

2007年，与赛门铁克合作成立合资公司，开发存储和安全产品与解决方案。2007年底，成为欧洲所有顶级运营商的合作伙伴。被沃达丰授予"2007杰出表现奖"，华为是唯一获此奖项的电信网络解决方案供应商。

2008年，被《商业周刊》评为全球十大最有影响力的公司。华为在移动设备市场领域排名全球第三。全年共递交1737件PCT专利申请，据世界知识产权组织统计，华为在2008年专利申请公司（人）排名榜上排名第一；LTE专利数占全球10%以上。

2009年，无线接入市场份额跻身全球第二。率先发布从路由

企业管理策略

器到传输系统的端到端100G解决方案。获得IEEE标准组织2009年度杰出公司贡献奖。获英国《金融时报》颁发的"业务新锐奖",并入选美国Fast Company杂志评选的最具创新力公司前五强。在中国企业联合会、中国企业家协会联合发布的2008年度中国企业500强排名中名列第44位。

2010年,华为超越了诺基亚西门子和阿尔卡特-朗讯,成为全球仅次于爱立信的第二大通信设备制造商。在英国成立安全认证中心。加入联合国世界宽带委员会。获英国《经济学人》杂志2010年度公司创新大奖。9月,华为C8500作为中国电信首批推出的天翼千元3G智能手机,在百日内的零售销量突破100万台,创下了"百日过百万"的佳绩。

2011年,华为与赛门铁克公司宣布双方已就华为收购华赛49%的股权达成协议,在云计算大会暨合作伙伴大会上成立IT产品线,预计云计算投入1万人。华为入选首批"国家技术创新示范企业"。在光网络和接入网领域,华为继续保持全球第一的市场地位。在目前全球7个国家宽带项目中,华为共中标6个。此外,华为率先推出业界领先的云服务平台和首款云手机,并推出了全球首款7英寸Android3.2蜂巢系统双核平板电脑Media Pad。

2012年,全球最薄智能手机——华为Ascend P1S发布。

三九 尚能饭否?

提到三九,我们不会忘了那个曾经叱咤风云的人物,他把三九做成中国中药企业唯一一个产值将近100亿元的企业,其扩张业绩无人能及，然而他又把长达20年之久的"三九世纪"推入悬崖，他就是赵新先。

赵新先，在三九的这个平台上拥有很多草莽企业家都翘首以盼的得天独厚的优越条件，那就是显赫的资本背景和宽松的运作空间，三九虽是国有企业，但是实质归赵新先一人所有。他又是颇有战略直觉的企业家，在产业的每一个转折点，他都能很早就意识到，并迅速地做出反应。然而，他在项目执行上却总是显得"大而不当"，在一次又一次的布局和冲杀中，三九的企业规模越来越大，但是能够给企业带来直接效益的项目始终没有出现。

1. 冲锋式的多元化把三九推向悬崖

三九集团失败的原因之一，是赵新先冲锋式的多元化扩张。

1985～1995年是三九专业化的阶段。赵新先和南方医院消化科的教授们日夜公关，将一个中药配方开发成了一个纯中药复方冲剂，那就是"三九胃泰"。凭借这一优秀的产品，三九每年以上亿元的利润在增长，并创下了在美国纽约曼哈顿最繁华，也是最具有商业标志意义的时代广场竖起第一块中国公司广告牌的纪录。当时三九的盛况可想而知。

"三九胃泰"实在是一个太优秀和能赚钱的产品，在后来的20年里，它几乎没有太多的更新换代，在胃药的市场上，没有出现过一个比它更成功的产品。"一个过于优秀的产品，常常给了企业家更多犯错的机会。"这是所有商业规律中最让人唏嘘的一条。

从此之后，三九在赵新先的领导下开始了一轮又一轮的扩张并购风潮。

也许是赵新先的勃勃野心，他立志要建立一个全球的中药帝国，抑或是这样实力雄厚的"国资企业"所具备的不可超越的市场宏观环境，让三九刹不住向前冲锋的步伐，向全国各地肆意地扩张和兼并，更不惜涉足与中医药无关的产业。显然，三九从表面看上去变得兵多将广，势力遍及全国，但是没有关联度、缺乏整合的并购战略其实已经埋下了十分危险的种子，它日日都在消耗三九的资本和品牌影响力。

1996~2001 年，三九出手并购 140 家地方企业，平均每月并购两家，总资产猛增到 186 亿元。其并购方式是承债式 45%、控股式 35%、托管式 20%。其扩张结果是，三九在医药行业内并购的成功率达 70%，而非医药行业的大多以失败告终。

扩张之初，三九的负债率为 19%，而到 1998 年，三九的负债率高达 80%。兼并非关联企业的类型事例有：1997 年，以承债方式兼并太原洗涤剂厂，亏损 7000 万元；在兰考项目上，亏损 5000 万元；在郑州少林汽车项目上，亏损 6000 万元；在邯郸啤酒项目上，亏损 1500 万元。

就这样，三九在把"蛋糕"做大的时候，也掺了不少劣质的催化剂。疯狂的产业兼并和冲锋式的多元化最终使三九走向终结。赵新先是个战略直觉很强的企业家，于是他提出回归专业化的策略，分别实施"麦当劳计划"和"沃尔玛战略"，但殊不知这次的专业化回归只是一次缺乏深思熟虑、更具冒险性的赌博，这些计划纷纷中途夭折了。2003 年 5 月，三九在曼哈顿的广告牌被悄然拆除，三九的资金危机全面爆发。

2. 由三九看到的

在看到三九的落败之后，不禁让人想起了第一个案例——格力空调。它们都在企业的专业化和多元化两种战略选择中选择了自己的道路，当然我们看到现在的格力依然发展得很好，三九已经改朝换代，是不是企业就应该坚持走专业化道路而不能实现多元化道路呢？三九之败，值得探讨的地方很多：一是缺乏产权背景和有效管理约束的"一人机制";二是赵新先冲锋式的多元化扩张。

三九集团大事记

1985年8月7日,赵新先率14人上深圳笔架山,创办南方药厂。

1988年,赵新先首创出租车灯箱广告和明星代言广告。南方药厂实现产值18亿元,利税4亿元,居全国500家最大工业企业的第82位。

1989年4月,解放军总后勤部向全军做出了《关于向赵新先同志学习的决定》。9月,赵新先被国务院授予"全国劳动模范"称号。

1992年9月,朱镕基视察三九集团。赵新先的"一人机制"轰动全国。

1995年5月1日,在美国纽约曼哈顿时代广场,竖起了第一块中国公司的广告牌——"999三九药业"的霓虹灯广告。

1996~2001年,三九出手并购了140多家地方企业,平均每个月并购两家,迅速扩张成全国最大的中医药企业,总资产猛增到186亿元。

2000年,三九集团的旗舰公司"三九医药"上市,同时并购江西和上海的两家上市公司,赵新先成为国有资本运作的第一人。4月,创办号称全国最大医药健康网站——999健康网。到2003年,三九名下共有13个公众服务网站和29个企业网站。

2001年8月27日,三九在猝不及防的情况下遭到中国证监会的警告。中国证监会公开通报批评三九大股东及关联方占用上市公司资金超过25亿元,占公司净资产的96%。通报还公开点名谴责了赵新先。

2002年,赵新先提出在国际和国内两大战线同时出击,分别实施"麦当劳计划"和"沃尔玛战略",后都中途夭折。

2003年5月,曼哈顿时代广场上的广告牌被悄然拆除。9月28日,媒体刊文《98亿贷款:银行逼债三九集团》,三九的资金危机全面爆发。

2004年3月，北京召开全国两会，全国政协委员赵新先大胆逼宫国资委，声称国有出资人是存在的，却没有实际出资。他要求国资委为三九注资50亿元，或让三九产权明晰化。5月16日，国资委党委书记李毅中亲赴深圳，突然宣布免去赵新先的一切职务。

2005年，拥有500多家公司的三九集团呈现失控局面，"三九系"宣告瓦解。11月19日，赵新先涉嫌经济犯罪，在北京被拘捕。赵新先出局后，三九重组成为众多重量级企业争夺的目标。上海实业集团、复兴集团、德意志银行、华润集团和新世界集团等参与竞争。2007年3月，国资委决定，由央企华润集团重组三九。

春兰 多元化一路坎坷

从1997年起，春兰就建立了我国第一条有上百道工序的自动化生产线，成功建立了全国规模最大的空调生产基地，年产空调能力达100多万台，成为中国第一、世界七强之一。一直到2004年期间，春兰像很多人期许的那样，囊括了很多奖项，柜式空调和窗式空调双双全国销量第一，在当时，春兰空调的优势无人能及。

然而，在现代大家的视界中，春兰空调这个名字已经淡去，有的只是对春兰昔日辉煌的感叹和对如今颓废的不满。春兰究竟为什么会走到今天这步？当春兰空调发展处于鼎盛的时候，这种浸满春兰人智慧与心血的来之不易的优势，被春兰的高层领导人陶建幸葬送了——高层领导决定放缓对春兰空调的资金支持，转向多元化战略发展的不归之路，从而使企业陷入了泥潭，不能自拔。

1. 春兰怎么了?

在春兰发展战略的一次研讨会上,春兰集团的董事局主席陶建幸做了重要的发言,他阐述了未来春兰的发展构想,认为未来空调的市场已经饱和,利润空间越来越小,白色家电已是夕阳产业,没有太大的发展前途;而摩托车、汽车等机械制造业才是朝阳产业,前途无限。因此,春兰从当时开始,准备减少对空调的资金投入,而从事摩托车、汽车等多元化发展。

这一决定让与会人员和专家都瞠目结舌,纷纷劝说和分析空调市场未来的发展潜力,可是,陶建幸听不进逆耳忠言,果断地投到他自以为很有发展前途的行业中。多元化的发展战略为春兰以后的危机埋下了危险的种子。

如果说在当时中国家电企业普遍遭到主业成长的困扰之际,春兰可谓春风得意,因为它高人一筹,先人一步实施了多元化的发展战略。初试牛刀的春兰在尝到好景不长的多元化甘甜之后,2005~2007年连续3年亏损,汽车等产业因为经营和管理不善纷纷负债累累。陶建幸多年倾心打造的多元化发展蓝图从此破灭。对此,陶建幸本人也无能为力,一筹莫展。

现在令人很费解,陶建幸在春兰空调市场占有率最高、品牌影响力最大的时候,出人意料地选择了多元化的发展道路,这对春兰集团来说不能不说是一个悲剧。

2. 曾经的机会擦身而过

在20世纪90年代中期,当中国空调业发生第一次市场饱和的时候,在资本市场上,面对家电行业一波又一波的兼并重组浪潮,春兰空调没能抓住这一机会实现翻身,而是继续在多元化的圈子里打转转,从而使原本的"小弟"美的、格力、海尔等,通过资本运作脱颖而出,完成了对市场的"圈地"。

从2003年开始，春兰业绩下滑的速度令人吃惊，其中春兰摩托车、春兰动力制造和春兰机械制造三个公司，2003年分别亏损3401.70万元、1361.72万元和1071万元，这一年，春兰整体业绩下滑幅度达50%。与此同时，春兰在主业空调和洗衣机方面也首次出现亏损，从而使春兰的利润额和净利润额到了崩溃的边缘。2004年与2003年相比，业绩下滑超过90%。

在空调市场环境完全转变之时，春兰没能抓住契机做强主业，而是继续在非主业方面加大投入，错失了空调市场的发展良机。这让高调自信的春兰集团终于没能迈过企业持续发展、做强、做大、做优、做久这道门槛儿，这不能不说是一个莫大的遗憾。

春兰与格力的不同之处是，春兰有电器、自动车、新能源三大支柱产业，主导产品包括空调器、洗衣机、除湿机、中重型卡车、摩托车、电动自行车、高能动力镍氢电池、摩托车发动机、空调压缩机等。

对比一下格力和春兰空调业绩：春兰空调2012年的销售目标为300万台；格力空调2012年业绩显示，格力营业收入1000.84亿元，净利润73.78亿元，同比增长40.88%。格力成为国内首家依靠单一品类产品实现千亿营收的家电企业。

面对在空调市场上曾经遥遥领先的春兰，令人感到无比遗憾。

春兰大事记

1986年是春兰发展史上的过渡期，春兰在这一年进行了第一次较大规模的技术改造，这为今后春兰独领中国空调市场风骚打下了坚实基础，企业由此走上了振兴之路。

1987~1990年，这一阶段是春兰发展史上的振兴期，春兰形成空调批量生产，成为中国空调业的"龙头"。

1991~1994年，这一阶段是春兰发展史上的成长期，春兰"围绕空调产品，进行市场扩张"，最终形成空调规模生产能力，1994年，春兰成为中国最大的空调生产基地、世界空调七强之一。

1995~1996年，这一阶段是春兰发展史上的扩张期，春兰推出了第一个五年计划——"100工程"，确定"立足空调产业，进行产业扩张，形成多元经营框架"。1996年，初步涉足家电、自动车、电子、海外产业。

1997年，春兰电器公司经国家统计局评定，春兰牌系列空调器连续八年（1990~1997年）全国产销量第一，累计销量超1000万台，荣获"中国空调第一品牌"称号。春兰涉足了房地产、摩托车、汽车等产业。

据了解，春兰空调2012年的销售目标为300万台，其中内销200万台，外销100万台。

图书在版编目(CIP)数据

企业管理策略：如何让企业走向成功／朱涛著．
—北京：社会科学文献出版社，2014.7
（河南大学经济学学术文库）
ISBN 978-7-5097-5239-5

Ⅰ.①企⋯ Ⅱ.①朱⋯ Ⅲ.①企业管理-研究
Ⅳ.①F270

中国版本图书馆 CIP 数据核字（2013）第 257848 号

・河南大学经济学学术文库・
企业管理策略
——如何让企业走向成功

著　　者／朱　涛

出 版 人／谢寿光
出 版 者／社会科学文献出版社
地　　址／北京市西城区北三环中路甲29号院3号楼华龙大厦
邮政编码／100029

责任部门／皮书出版分社　（010）59367127　　责任编辑／陈　帅
电子信箱／pishubu@ssap.cn　　　　　　　　　　责任校对／师敏革
项目统筹／陈　帅　　　　　　　　　　　　　　　责任印制／岳　阳
经　　销／社会科学文献出版社市场营销中心　（010）59367081　59367089
读者服务／读者服务中心　（010）59367028

印　　装／三河市尚艺印装有限公司
开　　本／787mm×1092mm　1/20　　　　　　　印　张／14.2
版　　次／2014年7月第1版　　　　　　　　　　字　数／210千字
印　　次／2014年7月第1次印刷
书　　号／ISBN 978-7-5097-5239-5
定　　价／59.00元

本书如有破损、缺页、装订错误，请与本社读者服务中心联系更换
▲ 版权所有　翻印必究